MW01437331

EL PODER DE LO SIMPLE

ENRIQUE MARISCAL

EL PODER DE LO SIMPLE

Zenith / Planeta

Este libro no podrá ser reproducido, ni total ni parcialmente, sin el previo permiso escrito del editor. Todos los derechos reservados.

© Enrique Mariscal, 2008
© Editorial Planeta, S.A., 2008
Avda. Diagonal, 662-664, 08034 Barcelona (España)

Primera edición: febrero de 2008

ISBN: 978-84-08-06372-8
Fotocomposición: Anglofort, S.A.
Depósito legal: M. 1.418-2008
Impresión y encuadernación: Unigraf, S. L.

Impreso en España – Printed in Spain

/Rp.

La alondra matutina y el ruiseñor vespertino embellecen cada jornada con sus trinos; no necesitan de una gran corpulencia ni de un alto consumo para producir, sin esfuerzo ni complejidad alguna, su delicada alabanza a la vida.

Los observadores de lo simple destacan que la alondra tiene una sublime condición: su canto se torna más melodioso y vibrante a medida que asciende por los montes sostenido por las brisas tempraneras.

El ruiseñor, en cambio, cuando oscurece es capaz de lograr la voz más bella que puede emitir un ave canora, aunque su mayor virtud no radica en ello, sino en que cuando gorjea con esa calidad mejora automáticamente el trino de todos los demás pájaros.

Y, además, se sabe que alondras y ruiseñores cantan según las tonadas propias de cada región a la que pertenecen.

Para descubrir si tu estilo es de «alondra» o de «ruiseñor» observa con detenimiento la hora del día en que te sientes más lúcido y conectado.

Luego emprende los siguientes pasos:

1) En las mañanas o tardes más apropiadas, según dicte tu energía, medita sobre los temas de este libro e involúcrate en su contenido en pequeñas dosis;
2) reflexiona, aunque sólo sea un minuto, sobre el alcance de lo simple en tu vida e imagina los efectos de su poder en todas tus actividades, palabras y silencios;
3) no cuentes a nadie la fuente de tu sencillez.

En breve percibirás tres hechos insólitos:

1) Atraemos lo que pensamos.
2) Quienes te traten comenzarán a verte como a una persona nueva, más joven, imaginativa y festiva, porque ésa será también tu visión de la vida, tu vuelo y tu canto.
3) Conociendo en profundidad el ritmo vital de tu día aprenderás a percibir que en cada alondra se esconde un ruiseñor y en todo ruiseñor habita, secreta, una alondra.

La energía sigue al pensamiento. Así de simple.

E. M.

PRÓLOGO

Desde hace muchos, pero muchos años, antes de que alguien inventara el tiempo, existe una entidad sin edad ni ancestros que se hace visible cuando lo decreta su voluntad.

Su voz dulce y contenedora imanta los oídos, como la compasión lo hace con la confianza; sus ojos miran al mundo con asombro, sus pupilas parecen luciérnagas en un océano nocturno.

Acostumbra a sentarse sobre una roca agreste en un valle del Tíbet, desde donde conversa con sus discípulos en cada luna llena. Su barba le llega hasta los pies, y según algunos, con ella oculta los atributos propios de su sexo.

Varios lo conocen como «el eremita que inventó los cuentos».

No da explicaciones para justificar sus relatos, no fundamenta sus mensajes; su porte y palabra son suficientes para inspirar a quienes tuvieron la gracia de encontrarlo, como se descubre en un amanecer la flor en los cerezos, o como a veces se siente un anhelo intenso, irrefrenable, de contactar con nuestro ser auténtico.

No fabrica cálculos ni demostraciones al modo geométrico, simplemente crea, con su palabra o su silencio, universos en expansión y les otorga vida eterna, los habita con personajes tan increíbles como lo fueron y lo son los seres humanos con sus hermanos, menores o mayores, visibles o no.

Esta fuente de imaginación colectiva creó todas las fábulas que hoy se conocen. Sus pláticas son anteriores a las de los primeros fogones de las cavernas paleolíticas, previas a las crónicas pictóricas de Altamira y a las historias con las que los *confabulatores nocturni* entretenían a Alejandro insomne.

Sus narraciones se adelantaron a las *Mil y una noches* de Scherezade, precedieron en mucho a las del mismo Homero y también a las secuencias que inventaron los poetas persas, egipcios, árabes, hindúes y chinos.

Intérprete de todas las vidas que sostiene la Vida y de todos los sueños que alimenta el Sueño, energía respetada sin discusión por quienes han logrado contactarlo, su sola presencia transforma.

Es una muestra singular en todo el universo de la ensoñación estética; hermafrodita, padre y madre a la vez, inventor de la fitoterapia, perenne como la misma hierba o como el amor, o como el carbón que, transformado en diamante, testimonia lo perdurable sin fatiga alguna, en alegre presente, gozoso de ser lo que es. No como sugiere el pícaro Woody Allen que la eternidad se hace larga y aburrida, especialmente al final.

Su figura no se conoce por un nombre real o por un pasaporte, sino por la cualidad mágica de sus poderes creativos. Los bebés, al nacer, saben de su influencia porque alguna vez, en sus buceos intrauterinos, escucharon el acento dulce con que él les contaba episodios en espirales, no en capítulos.

Con gracia singular entreteje leyendas, voces y personajes inventados o reales. Su maestría jamás fue superada por ninguno de aquellos que han ejercido o practican el inexplicable oficio de escribir.

Es el único ser que conoce las tres reglas secretas para escribir un buen libro, pero que nunca las contó. Ni su mano ni su mente redactaron nada, tal como hicieron Sócrates, Jesús, Buda o Tarzán.

Sus ficciones mantienen vigencia, se actualizan como crónicas válidas en cada nueva escucha. Gracias a algunos de sus aportes se sabe que los cuentos poseen una naturaleza circular, no importa su extensión o superficie; grandes, pequeños o redondos, emergen con el encanto propio de lo inesperado, con el beneficio propio que tiene un final abierto.

A sus narraciones no se las puede enumerar porque son «innumerables», exactamente como las estrellas. Todas tienen algún elemento natural, otro de fantasía, un poco de razón, mucho de sentimiento, buena dosis de alquimia, un comienzo sorpresivo y un cierre tan mágico como el relámpago.

Sus relatos son valores mutantes sin derechos de propiedad. No portan una única moraleja ni conforman una receta, sino múltiples enseñanzas y sugerencias. Constituyen una caja de regalo, un paquete para abrir, un misterio para escudriñar.

Sus contenidos pueden ser leídos como se hace con la música, con distintas claves y melodías gratas al oído. Pero la historia más divertida y extraña la construye quien narra o escucha, lee o mira, aunque todos ignoremos el universo de significados que generan y entrecruzan nuestras interacciones.

Esta impersonalidad domina los secretos de la vida porque sólo ejercita el poder de la sencillez. Desde esta perspectiva de eternidad recomienda la costumbre de «consultar con la almohada» acerca de cualquier problema, porque desde esa posición estratégica se puede descubrir la trama en que se confunden las ilusiones de la vigilia con las propias del sueño y descubrir cómo, al despertar del mundo onírico, se ingresa en la ilusión de la vigilia.

Las dificultades de cada jornada se pueden resolver con los inagotables recursos que encierra el proceso de dormir. La razón de ello obedece a que ambas constelaciones son afines, sólo representan relaciones de ilusiones aceptadas, como lo enseñó, magnífico, ese otro gran contador que fue Calderón de la Barca.

La llamada «realidad» se convierte así en una quimera y ésta en una ficción de la verdad conocida. En algún momento de la luz, este pretendido «saber» revierte en una «sabia ignorancia», cuando descubre que todo el discurso racional objetivo no es ni más ni menos que otro lindo cuento. La poesía es conocimiento emocional no filtrado por la represión científica.

Por eso los artistas de la vida hacen más hermosas sus fantasías, tanto las que son propias de la vigilia como las del mundo de los sueños. Esta tarea sacra requiere disciplina interna, consagración, refinada inteligencia y sensibilidad. Su dinámica especial se comprende con facilidad cuando se consigue salir de los límites perceptivos que nos impone la flecha de la duración.

Le escuché decir:

«Todo es muy complicado hasta que se hace simple.»

Este libro intenta ser un oasis de reflexión; una toma de conciencia para luego seguir caminando con más horizonte. Sus páginas llaman al descanso, a la tregua, no está escrito para ganar a nadie; no propone una pasión triunfalista sobre ningún rival externo, no invita a más consumo de lo innecesario.

La única victoria loable es sobre uno mismo. Consiste en asumir, con gracia, esa práctica de inagotable buen humor que se llama autoironía, desapego impersonal mediante el que la ola separada y combativa con sus pares, en un instante se descubre mar y despierta a la unidad del verdadero *yo* que cesa todo aislamiento.

El trofeo aquí no es un logro visible. Consiste en un contacto instantáneo con el centro de felicidad interna. Un premio que libera gozo en el corazón, sin solemnidad alguna, de inmediato, porque sí.

La máxima realización no es llegar a ser en el futuro otra cosa distinta de la que uno es en el presente, para aspirar luego a otra condición. Si existe una meta es la de amar más, cada vez con mayor intensidad, oceánicamente, fuera de los pequeños límites egocéntricos, en solidaria fusión grupal, siempre hacia un destino superior de conciencia y paz. Una persona centrada en esa paz es una vida en revolución, nada especial debe hacer, actúa por presencia, genera cambios a su alrededor o a distancia, simplemente porque ha cambiado (no hablado) acerca de ello.

Propongo, a través de estas cincuenta meditaciones, acercarnos al poder de lo simple, investigar sus señales, escuchar sus secretos. Cada paso requiere apertura, detenimiento, reflexión y cuidado. Carece de sentido apurarse para llegar al final, pues allí no hay nada significativo, el tesoro está en el camino, todo adquiere importancia en el andar mismo.

Las cosas más simples de la vida nos hablan al oído; están ahí, desnudas, sin ceremonias. Inspiran con su fuerza elemental, se contactan sin edictos.

Sus voces son tan múltiples como tenues e inconfundibles; sus formas y aromas dominan todos los lenguajes. Se expresan con el sabor de lo genuino, siempre pertinente y estimulante. Es fundamental percibir cómo cada uno de sus múltiples indicios remite a «algo» valioso y respetable, que brilla en nuestro interior en su propio gozo, libertad y alegría.

1

SEÑAL

El poder de lo simple actúa en lo natural, se expresa en lo sencillo, se manifiesta en lo auténtico.

Existen por doquier indicios inconfundibles de su presencia. Su verdad nos habla desde muy cerca con voz silenciosa, elocuente, oportuna. Su transparencia convoca lo mejor de cada uno de nosotros. Su claridad siempre vigente se muestra generosa, neta.

Así como cuando mentimos o nos engañamos a nosotros mismos nos damos cuenta, de la misma manera nuestro organismo traduce de inmediato en agobio el sentimiento de estar viviendo en climas saturados de complicaciones, tan innecesarias como recurrentes y pegadizas.

En estos momentos de incertidumbre y de confusión, de cambio acelerado y de propuestas laberínticas en todo el planeta, la búsqueda de la sencillez se ha convertido en una necesidad imperiosa de liberación; en el requerimiento básico para ingresar en una vida más abundante, más intensa y liviana.

En nuestro espacio interno disponemos de la oportunidad de investigar una experiencia de liberación inmediata y gratuita; se trata de contactar un vacío, beato y revelador, que aunque visitamos con frecuencia, pocas veces asumimos en su alcance y, menos aún, potenciamos.

Esta experiencia consiste en descubrir que nada supera en esta vida la sensación de bienestar que produce el estado de sueño profundo, cuando la conciencia, emancipada de cualquier percepción de vigilia, exenta de restos diurnos y de ensoñaciones, sin noción alguna de espacio ni de tiempo, goza en sí misma, más allá de las exigencias de esa «nada» que es nuestro egolátrico personaje de rutina.

Esta minimización óptima proporciona el máximo hallazgo valioso imprevisto: descubrirnos que somos conciencia sin intermitencias, que nuestra identidad es real e inagotable, y que esta conciencia sin disolución que nos constituye es fuente de felicidad desprendida de toda identificación con el ego personal.

Soltar, dejarse fluir, aceptar, ver con claridad, perdonar, sincerarse, respirar profundo, sentarse o ponerse de pie, quedarse o irse, hablar o callar en el momento pertinente pueden ser decisiones liberadoras que, en determinadas circunstancias, movilizan las mejores energías de muestro sistema personal y permiten actuar, de manera inmediata, con una disposición creativa que provienen de la claridad, no de la confusa elección entre pares de opuestos.

Se trata de manar, no de retener la vida amplia para complacer todos los pequeños deseos personales; de seguir aprendiendo, no de encapsular recuerdos; de asombrarse de lo obvio, no de cristalizar experiencias disecadas.

La ornitología es una disciplina de observación rigurosa y comprobada; también los ritmos circadianos o biorritmos son estudiados científicamente; en cambio, la aplicación del poder de lo simple constituye un saber práctico, un arte, una gracia o don de la inteligencia y de la sensibilidad.

«La mayor parte de las ideas fundamentales de la ciencia son esencialmente sencillas y pueden ser expresadas en un lenguaje comprensible para todos.» Esta frase de Albert Einstein me pareció apropiada a propósito de las reformas legales que hacemos en Argentina, con sus 28 000 leyes, y en otros lugares del mundo, con fosilizaciones semejantes.

Es más simple y positivo anular para siempre el derecho de pernada y su control que perfeccionar su vigencia y reglamento.

Nos abrimos a las potencialidades que encierra nuestra existencia cuando logramos suspender los complejos circuitos de la cavilación que genera el miedo a sufrir más en el futuro; y es con esa expansión de conciencia que podemos iniciar un camino de conexión con el infinito.

El poder de lo simple, entonces, opera como el efecto palanca, sin esfuerzo. Carente de desgaste, mueve cuerpos densos y escollos insalvables. Sólo requiere un adecuado punto de apoyo: la cooperación.

En ese efecto palanca interno brota de manera natural una propuesta de autenticidad, una trayectoria responsable centrada en un eje esencial: la des-identificación de las complejidades del ego personal.

Esta superación del «complejo del yo solemne», tan recurrente, inaugura un renacimiento a las potencias vitales de la sencillez y la cooperación, suficientes en sí mismas para descubrir el mejor destino, ser lo que ya somos, plenamente.

El poder de lo simple invita a descubrir y profundizar el cuento donde cada uno está instalado en este viaje por la conciencia. Es una cordial sugerencia a no salir de su trama virtual, a no intentar más fugas del presente buscando siempre otras condiciones de realización, para luego volver a complicarnos con nuevas pretensiones en una serie de antojos inagotables.

Cada uno debiera animarse alguna vez a presentarse en sociedad como una versión única, extraordinaria, incomparable, intraducible de una magnífica quimera.

¿Puede existir un aporte más maravilloso? Estamos hechos de la misma materia que los sueños; por lo tanto, hagamos más bello y armonioso nuestro mundo imaginario.

Tardamos muchas vidas en comprender que nadie vino a este mundo para ingresar en nuestro propio cuento; cada uno debe atender la dinámica de sus propias fantasías, nadie ha nacido para satisfacer las exigencias del cuento de otro.

Es mejor que cada ser humano cumpla en su trayectoria con las fantasías de su propio mandato interno, misión o deber, y no con las de ningún otro.

Ser conscientes de la conciencia constituye un despertar; la autoobservación opera como un testigo permanente de las apariciones y desapariciones, repeticiones y cambios del ego personal. Por lo tanto, cuando la verdadera realidad interna es libre en sí misma, alegre porque sí, sin edad, nos instalamos en el ahora más allá del tiempo.

Algo beato brilla en el sueño profundo, en el espacio entre dos pensamientos, en el orgasmo. Es un descubrimiento conmovedor, un hecho muy simple: somos conciencia que no conoce disolución. La felicidad no está afuera.

No somos el actor sufriente o gozoso de la película que pasa por nuestra pantalla interna, sino el espectador sereno y constante que observa el filme y mira a ese personaje, entidad fantasiosa que se arroga un nombre, apellido o apodo, pero que desaparece todos los días al dormir.

Sólo continúa el observador.

La expansión del ser y del ánimo no puede confundirse con ninguna agitación externa. No es hilaridad nerviosa ni mueca histérica. No es un vínculo posesivo, ni mezquindad adictiva, ni condicionamiento residual del pequeño yo, ni material discursivo para juegos dialécticos sin salida que llenan la mente de cavilaciones para distraer el miedo a morir.

Es beatitud que brota de la conexión con nuestro verdadero ser, movimiento profundo por la quietud del deseo, vacío pleno de compasión, perfume esencial, libertad que aflora del conocimiento, integración con la unidad de la vida, armonía con el universo –no combate–, amistad impersonal, «koinonía» con los grupos humanos en los que participamos.

Es una mirada nueva, ligada a lo esencial, que nos habilita para transitar sin riesgo alguno por los complicados semáforos de la incertidumbre.

Escribir o leer sobre la sencillez requiere de un lenguaje especial, capaz de otorgar a cada término credibilidad y, a la vez, inspiración. Para ello es necesario resignificar los discursos habituales hasta brindarles un nuevo alcance.

Es posible pensar integrando sentimientos y comunicar en cada proposición una ceremonia inaugural. A veces nos visita la fiesta del descanso, la evaporación de todos los personajes cristalizados que alienta nuestra memoria, y se producen percepciones amplias donde desaparecen cicatrices que operan como ataduras y la mente se abre más allá de las fronteras de los prejuicios. Lo simple implica mayor comprensión y su poder se expresa en osadía.

La complejidad, en cambio, implica combate, utilería, manual de instrucciones, análisis de la analítica, cálculo previo, tensión, iniciaciones, rituales de graduación, certificaciones.

El huésped dijo a su instructor:

–Acabo de llegar al monasterio. ¿Qué debo hacer?

–¿Has comido tu plato de arroz y bebido tu taza de té?

–Sí, lo he hecho.

–Entonces lo mejor será que comiences por lavar el plato y la taza que has utilizado.

Para escuchar la voz de lo simple, de la fidelidad a uno mismo, no hace falta viajar a lugares exóticos, ni padecer iniciaciones secretas, ni ingerir ninguna sustancia extraña. El propio cuerpo es capaz de generar opiáceos naturales de extraordinario efecto con sólo reír con otros.

Se trata, más bien, de que cada uno se permita a sí mismo, alguna vez, salir de la caja mental de lo conocido y recurrente, abandonar la reiteración de los temores, aceptar la incertidumbre de la condición personal sin enloquecer, estrenar la grandeza del instante sin negar sus secretos y oportunidades, abandonar los engramas paralizantes que filtran la grandeza del universo en el monótono chip del «más de lo mismo».

Es necesario, entonces, frecuentar la soledad del desierto interno, refugiarse en la soledad del propio corazón y, desde allí, redescubrir las interrelaciones que mantenemos con nuestros semejantes; reconocer que, en cada instante, palpita una extraordinaria oportunidad de creación.

Permanecer en el centro de la acción es liberarse del impulso ciego de moverse: la gestión transcurre de manera anónima porque el ego personal, en esos momentos, no está instalado en primer lugar. El personaje, entonces, se eclipsa ante la presencia de ese vacío, el *yo* pequeño no tiene de dónde agarrarse y se aleja, porque no encuentra sustancia temporal para adicionar a su propio cuento.

No podemos dejar de ser lo que somos en esencia; todo lo demás es un querido cuento. Es preferible la humanidad en su conjunto impersonal que estar siempre pegado a ese personaje fatuo que nos acompaña, exigiendo siempre ser considerado el primer actor en el espectáculo universal de la vida.

Es en el sendero transitado con percepción abierta donde se rescatan las señales de la oportunidad.

Un canto lejano, la ondulación del agua en el estanque, escuchar los pasos de alguien que se acerca, el resplandor de un relámpago, el silencio del atardecer en la montaña rescatan los indicios de una sabiduría implicada en todo el universo, tanto como la sirena de una ambulancia en el tránsito de la ciudad, la discusión callejera, la nube de monóxido de carbono que deja a su paso un camión destartalado. Todos apuntan al milagro de la conciencia que nos constituye.

El «ahora» es un oasis puntual, siempre cercano y gratuito, donde el personaje reposa de la identificación con el hacedor, con el gozador y con el sufridor, para contactar con el aspecto testigo de la conciencia, que en su vigencia permanente no conoce nunca ninguna disolución, ni en vigilia, ni en sueños, ni en el dormir profundo.

El discípulo preguntó:

–Maestro no sé si sufro porque tengo un recuerdo o porque no lo tengo.

–Si el pasado es pasado, ¿cómo algo inexistente te puede hacer sufrir?

Estos nuevos tiempos se asemejan al sol en el invierno que, escondido, pretende modificar al mundo desde dentro. También representan al agua limpia que purifica, vitaliza, disuelve, elimina la sed, nutre, abre senderos, regenera y busca hechos nuevos.

Son las épocas llenas de contradicciones las que despiertan en los seres humanos el deseo de encontrar la libertad que brota del conocimiento, no de la compulsión. Son períodos históricos «interesantes» y raros, solidarios y separatistas, de movimientos sociales inclusivos y expulsivos, de profundos cambios y, también, de viejas ceremonias residuales que pretenden sobrevivir. Vivimos épocas aceleradas de cirugía sin sangre y, a la vez, de múltiples crueldades en la guerra diaria que desata el ego imperial que pretende arrogarse las prerrogativas del alma: inmortalidad, sabiduría, poder.

Los cambios que estamos viviendo nos traen nuevamente a la reflexión el simbolismo del mensaje heroico de Hércules, quien consiguió, con su fuerza legendaria, desviar el caudal de los ríos e inundar los establos para limpiarlos de la corrupción incrustada durante años en el reino del cruel Arquelao, arquetipo de todos los mandos obscenos.

La historia cuenta que el déspota no estaba en condiciones de comprender el mensaje purificador del héroe al servicio de la humanidad y, para desmerecer su trabajo, lo persiguió a muerte.

También la tradición nos enseña a conservar el buen humor, que siempre distiende y alegra. Por eso se puede afirmar que Dios, ante la amenaza del actual «calentamiento global», no mandará nuevas precipitaciones para corregir a la humanidad de sus equivocaciones. Hacerlo sería un grave error de Su parte porque el gran baño purificador del Diluvio fue un completo fracaso. Tamaños chaparrones no alcanzaron para restablecer la paz en la Tierra, ni para alejar la ignorancia y el egoísmo del corazón de los supervivientes, de sus descendientes y de todos los Arquelaos que siguen sometiendo, desde el mando abusador, las pequeñas voluntades que demuestran, con su indolencia, de qué manera la opinión pública no es más que la suma de todas las perezas individuales.

En esta vida, nunca ser humano alguno se ha desasido de sí mismo sin haber descubierto que debe desasirse más aún.

Nada más atractivo para un peregrino del alma que el camino, el paso firme y la alegría del darse cuenta.

Cuando inhibimos estos impulsos de autoconocimiento, impedimos que la energía vital utilice sobre nosotros su facultad regeneradora.

Nacimos para la creatividad, para activar nuestras posibilidades cerebrales, emocionales, mentales y espirituales en el conocimiento propio.

Si se distorsionan los vínculos con el poder natural de lo simple, se bloquea también, con ello, la potencia sanadora del alma y el ser humano se aplasta y muere por el peso de sus complejidades.

Las decisiones acendradas brotan del respeto a lo más simple en cualquiera de los mundos habitados.

2

PRUEBA

Basta probar una sola vez la sal para no confundirla más con otro sabor.

Existen mecanismos internos y externos de alta complejidad para mantenernos en la superficialidad y también movimientos directos, simples, para ganar esencialidad en nosotros mismos y en nuestras decisiones.

Tal vez descubras el sentido de este libro si observas, durante unos instantes, tu reacción natural y tu respuesta espontánea a esta hipotética pregunta:

«Si vas a la panadería a comprar pan y el panadero te regala una piedra preciosa: «¿La aceptarías?»

Repara en la confianza o suspicacia que pones ante un obsequio inesperado: presta atención a tu actitud ante el hecho, trata de comprender todo lo que está implicado en tu estilo personal cuando se trata de asumir riesgos y oportunidades.

Vivimos en una sociedad de desconfianza y maltrato. Parecería que todas las medidas defensivas que adoptemos serían escasas, ¡tantas son las propuestas de mala fe!

Hasta el simple hecho de imaginar una situación insólita genera las más contradictorias respuestas entre las distintas personas consultadas. Estas diferentes maneras de responder a lo inesperado exhiben al mundo nuestra disposición ante lo sorpresivo. Nuestra respuesta al hecho puede ser valorada como una síntesis de vida, una muestra elocuente del lugar de nuestros compromisos y de nuestras corazas.

Este ejercicio de simulación pretende acercarte al conocimiento de tu modo de abordar los desafíos, tu estilo de decisión ante lo nuevo y tu disposición personal para navegar por la vida. Es una prueba hipotética, pero válida.

Responsabilidad no es el cumplimiento formal de una obligación externa, es la *responsa-hábil*, la respuesta adecuada a un desafío, a una nueva situación.

La vida nos ofrece a diario la oportunidad de hallazgos valiosos imprevistos, cuya magnitud y recreación es tal, que no pueden ser incluidos todos en un gran catálogo, pues resultan inagotables.

Para que algo entre en una mano es necesario abrir el puño; para que algo ingrese en la mente es necesario que se abran mente y corazón.

El poder de lo simple llama a la conducta responsable. Un corazón verdaderamente compasivo no es emocional, es servicio aplomado en el momento oportuno, no una mera reacción compulsiva. Cuando uno llora por sí mismo no hay en ello piedad. No está en la naturaleza del amor, sufrir.

Cada vegetal debe tener su espacio para desarrollarse con libertad, no es adecuado plantar en el mismo sitio de otra raíz. Un lugar para el pan, otro para el diamante, porque es cierto que «no sólo de pan vive el hombre»; lo puedes comprobar en ti mismo y en los que te rodean.

Todos los días la vida nos ofrece joyas al alcance de la mano. Son gratuitas y también alimentan, como en esas leyendas donde generosos sabios van por el mundo duplicando panes.

Pasamos al lado de ellos, los visitamos y tratamos. Sin embargo, no sabemos reconocerlos porque nos tomamos en serio las utilerías que suelen acompañar a cada uno de los oficios.

Si alguien está dominado por el espejismo de lo material, todas sus empresas se orientarán a concretar realizaciones seguras, densas, pesadas, lentas, reiterativas, de alta complejidad, que impiden el ingreso del dinamismo propio de energía acelerada, en ascenso, capaz de iluminar obras humanas con vuelo espiritual y con servicio solidario.

El problema de la economía mundial no radica en la escasez sino en la abundancia estancada en muy pocas manos. El espejismo material de los que tienen mucho se propaga como modelo a imitar, provocando reiteradas guerras de puja distributiva en todos los sectores del planeta, entre los que tienen mucho y los que nada tienen salvo el afán de poseer algo más.

La obsesión por más panes concretos nos impide ver los magníficos diamantes que nos ofrece el poder de lo simple, capaces de absorber en su luz, de inmediato, a esos hechizos de oscuridad que se llaman avaricia y crueldad.

Alguien puede llegar a liberarse del espejismo material y, sin embargo, caer preso de la cárcel de los apegos emocionales. Los lazos familiares, las ataduras de amistad, los amoríos, los vínculos de control afectivo pueden resultar todavía más fuertes que las adicciones posesivas de dinero. También suelen presionar las dos ilusiones juntas.

Reorganizar nuestra relación con la realidad desde lo más elemental no es cultivar ninguna objetividad absoluta. Una certeza tal no existe ni en el plano de la microfísica: el mismo observador transforma lo observado a los límites de sus posibilidades perceptivas. Aunque pretendamos la seguridad y el control que nos permitan no sufrir ninguna complicación más.

Somos personajes multifacéticos, contradictorios. Parece ser que ese gran proveedor llamado Robin Hood, tan escurridizo en sus hazañas, tenía fama de poseer el corazón más bondadoso del reino.

3

DIAMANTE

La sal de la vida abundante radica en la presencia de las cinco «s»: sol, silencio, soledad, simplicidad y servicio.

Si nos asumimos como conciencias amantes de esas facetas, dejaremos de necesitar un dios externo, instrumental, que atienda de manera exclusiva nuestros deseos de mendigos.

Cuando pecamos, esto es, cuando erramos el blanco, Dios no nos ve. De la misma manera somos invisibles a Su mirada cuando nos encerramos en los límites de nuestro ego personal, o cuando caemos en designios oscuros, deprimentes o posesivos. En esas condiciones de negatividad y separación de lo esencial, fuerzas oscuras se alimentan de nuestra caída y opacidad.

Nos hacemos visibles a Dios cuando nos ponemos luminosos, cuando acertamos en el blanco, desnudos de apegos, espejismos e ilusiones.

En cambio, si transformamos toda Su grandeza en una vela con la que queremos ver lo que deseamos en la oscuridad, lo abandonamos cada vez que conseguimos lo buscado. En vez de contentarnos con Su divina presencia, lo reducimos a una vaca apetecible a la que hay que sacar toda la leche y el queso posibles para luego fagocitarla.

La aventura de la conciencia nos regala, todos los días, hallazgos valiosos imprevistos en los que no reparamos. Así, perdemos los «diamantes» de lo inesperado; negamos lo inmediato y malogramos la oportunidad del asombro.

De manera reiterada pasamos nuestros días desconectados de los maestros de la simpleza que nos acompañan por todos los mundos posibles, tanto los conocidos como los inexplorados. El diamante puede ser una palabra, una mirada, un gesto, una pregunta, un regalo, un cuento, un sueño y, alguna vez, la muerte misma.

Las limitaciones que reclaman nuestros movimientos habituales nos quitan osadía. No nos animamos a saborear las cosas más sencillas de la vida, no cultivamos la valentía de disfrutar del encuentro pleno con cada instante. Por estar apurados se nos escapa el goce que brinda la contemplación amplia, una gran pérdida porque es ella la que nos compromete con todo lo que nos rodea cuando sacraliza las relaciones de nuestra conciencia.

Es frecuente que algún argumento racional nos lleve a repetirnos, a copiarnos del ayer, a no inaugurar el ahora. Los impulsos reiterados para lograr mayor rentabilidad nos mantienen en un libreto sin gracia; el miedo a que se nos escape el tiempo nos hace perder el tren de la intensidad que nos está siempre esperando, ahí, frente a nosotros, inaugural, sin prisa alguna.

Para que nos sigan queriendo solemos acatar deberes y rótulos autoimpuestos. Realizamos maniobras de todo tipo para evitar que nos critiquen: nos inhibimos, no nos presentamos a cobrar los premios que trae cada jornada, suponiendo que ellos acarrean males mayores.

Consumimos en las pantallas vida de segunda mano, se nos va secando en la industria del entretenimiento nuestra capacidad de sentir y, con ella, de aprender. Nos repetimos sin alegría, aburridos de nosotros mismos.

Sin embargo, existe un «diamante» desconocido, cercano, preferencial y gratuito que se nos ofrece a voces. Sólo hace falta abrir nuestra mente a lo nuevo para recibir la joya que tiene el poder de transformar, no nuestro bolsillo, que siempre será vulnerable, sino nuestro corazón mendigo en millonario. El milagro consiste en permitirnos la aceptación de lo que nos merecemos con legitimidad.

Las razones para rechazar las piedras preciosas son múltiples: no tenemos tiempo, no es el momento, no responde a nuestra meta, es algo nuevo, nadie lo hace. ¿Y si sufro? ¿Qué riesgos me traerá salir un instante del esquema? ¿Es posible una conducta inaugural sin condicionamiento previo?

Lo malo del pasado es que es inmejorable; por lo tanto sólo nos queda la gloria del presente, y eso es mucho.

Pero es necesario animarse a asumirlo aunque parezca una propuesta arriesgada, aunque asuste por sus presuntos enredos. Visto desde cierta altura, es posible descubrir que todas las callejuelas que componen el tan temido laberinto son construcciones complejas de nuestra mente. Éstas consiguen traducir cada posible solución en un verdadero problema, en un cuento de terror. Y el miedo hace envejecer: es un dato que figura, sin excepción, en todos los cuentos de ogros y brujas.

¿Por qué a muchos abogados y políticos no les gusta introducirse en la morada de lo simple?

Por una razón obvia: en el universo de la sencillez los maestros de la impotencia explicada no encuentran ningún lugar idóneo para esconderse, ni para hablar con doble lenguaje, ni para disfrazarse.

No es cierto que sobre todas las cosas codiciables los usureros y los banqueros prefieran los perfumes, porque se sabe, desde hace mucho tiempo, que el dinero no tiene olor. Y, sin embargo, estos empresarios de lo ajeno es lo único que quieren, acumular.

En cambio, el secreto de la sencillez incita a seguir radiantes en medio de la podredumbre; convoca con la intención del alma libre de bajas intenciones; su voz suave pero segura dice a quien pueda escuchar que existe un poder en el ahora.

Para madurar sin envejecer debemos cultivar aquellos cuentos que dicta nuestra vocación, porque ellos nos permitirán expresar libremente nuestra capacidad creadora. Nacimos para ello.

En caso contrario, convertimos los anhelos más elevados de nuestra interioridad en vocación de poder. Y, lamentablemente, envejecemos rápido por mentirnos.

4

AMISTAD

Mi amigo vive en soledad, sin temores, por elección, en la montaña. Hace tiempo que pasó los ochenta años; come y bebe únicamente cuando siente hambre o sed, ingiere sólo lo que el cuerpo le pide, se acuesta y se levanta sólo cuando lo desea, es jubilado en jubileo, medita y disfruta de largas caminatas por bosques, arroyos y montañas cuando el paisaje lo llama.

Durante años ha cultivado el silencio creador y los automasajes energéticos del chi kung y del reiki. Se mantiene ágil y lúcido, sin grasas acumuladas, alegre. Se le ve en paz, agradecido, feliz. Escucha buena música y relee las conversaciones de Krishnamurti, a quien conoció mucho en su juventud.

En uno de los intensos diálogos que mantenemos sobre todo lo que ignoramos, me ha manifestado cuál es su única inquietud:

«Estoy tan ocupado aprendiendo de las maravillas que me ofrece la vida que mi único temor es que venga alguien y me haga perder tiempo.»

Es un monje laico, su capucha es el cielo estrellado, está solo para estar con todos, su monasterio es la humanidad. No puede entender cómo la gente acepta amontonarse en las grandes ciudades para sentirse sola.

Me explica: «quiero hablar sólo de aquello que conozco por experiencia propia. Por lo tanto, no puedo aceptar dos hechos que me contaron pero que ignoro desde mi observación: que nací y que voy a morir».

San Juan de la Cruz advirtió, fundido en la luz y el amor, que las condiciones del pájaro solitario son cinco: la primera es que se va a lo más alto; la segunda, que no sufre compañía aunque sea de su naturaleza; la tercera, que pone el pico en el aire; la cuarta, que no tiene determinado color; la quinta, que canta con suavidad.

Cultivar una amistad profunda es algo sumamente valioso; un simple contacto, aún en la distancia, recrea la alegría de saber que compartimos, en un universo en expansión e incierto, afectos esenciales, acontecimientos tan sencillos como poderosos y gratuitos. La amistad vivenciada es un espejo de la caridad.

Entonces uno descubre que todo es complicado y difícil hasta que nuestra mente se torna fácil y sencilla.

Hay personas que consiguen hacer cada día más hermosas las ilusiones que los rodean, que viven intensamente el momento y sólo coleccionan buenos cuentos para contarlos luego entre amigos, en este reino o en otro, cuando llegare la ocasión, como acontece con la delicada aparición de la flor en los cerezos.

Es indudable que «donde la ignorancia es dicha, la locura es sabia».

Existió un abad que cuando enviaba a los monjes de su monasterio por el mundo les decía: «otra vez se expande vuestro claustro, predicad por donde vayáis con vuestra presencia y con vuestra palabra como si estuvieseis aquí».

La amistad es un sentimiento vincular que brota desde el corazón desprovisto de hipocresía. Por eso el buen amigo confiesa: «ámame cuando menos lo merezca porque es cuando más lo necesito».

Es el instrumento diamantino mediante el cual se le revelan a cada uno las bellezas de todos los demás. Para amar es necesario dejarse amar, disponerse a ser amado.

La amistad como la alegría tienen valor en sí mismas, independientemente de su aprovechamiento material. Su inutilidad expresa la superioridad de su valor.

Los grandes maestros exaltan la amistad como fuente de alegría. En el Evangelio de Juan (15, 11), Jesús dice: «os he dicho esto, amigos, para que mi gozo esté en vosotros y vuestra alegría sea perfecta».

La amistad es una gracia espiritual concedida a los seres humanos para que puedan amar con mayor facilidad y alegrar todos los momentos de su vida. Un vínculo de amistad siempre potencia, en las buenas o en las malas.

Los matrimonios deberían sellarse con esta oración «hasta que la muerte del vínculo de amistad os separe y os impida protegeros mutuamente y crecer juntos en la unidad que da el amor».

Y la partida del amigo también es un hecho hermoso. Significa que la vida continúa con sus sorpresas y aprendizajes. Con la despedida se comienzan a crear las maravillosas condiciones de un reencuentro potenciado, y en la separación momentánea se aquilatan los buenos momentos vividos.

5

DIÁLOGO

Estos contactos de amistad y creación ocurren entre esas rocas mudas que alguna vez fueron submarinas, cuyas entrañas abismales hablan desde el vacío, elocuentes como la pintura imperecedera que dibuja sus órbitas enigmáticas.

Enmarcadas sobre el azul mágico de un techo sin fronteras, las elevaciones y el valle de Ongamira reinan al oeste de Capilla del Monte y al noroeste de La Cumbre, en la provincia de Córdoba, Argentina.

La verdadera naturaleza de esas montañas no se encuentra ahí donde los ojos y la lente digital la registran, sino que su contextura y su misterio pertenecen a otro orden, a otro reino, a otra dimensión.

El hombre nació para ver el cielo, no para adormecer su conciencia frente a la televisión. La percepción urbana estrecha el paisaje global con su propio cemento, reduce el horizonte, lo comprime entre edificios y túneles.

Este lugar encantado invita a pensar con el corazón, llama a nuestro ser interno para que se entregue a una inmersión trascendente. La meditación que aquí investiga en silencio nuestro espacio interior descubre en sus abismos que le es dada al ser humano la gracia, generosa y cercana, de armonizar con el infinito y no envejecer.

Las personas receptivas que visitan estas elevaciones y se encuentran preparadas para estos hallazgos, valiosos e imprevistos, inician un proceso de transformación sin retorno posible, es un encuentro con «la casa del Padre» en dimensiones no convencionales.

Y así como los barquitos de papel no son aptos para un viaje de ultramar, las diferentes escuelas con sus divisiones y anclas no alcanzan para habilitar este vuelo de libertad.

El secreto espiritual de lo simple no se eclipsa ni muere, siempre está sucediendo. Se manifiesta en cada contacto con el ahora.

Mientras ascendíamos al imponente cerro Colchiquí, se me ocurrió preguntarle en las alturas:

–¿Y no te vendría bien convivir con una compañera?

–A mí no me falta vigor ni ganas ocasionales de tener una amiga, pero imagínate cómo podría llegar a sentirme con una mujer que me ordene la cocina todos los días.

»Desde hace muchos años estoy consagrado a cuidar mi propio «desorden»; ello me permite vivir en libertad y armonía con todo lo que me rodea. Estoy solo, en permanente meditación, para estar conectado con todo. Así de simple.

En cierta ocasión, mientras desayunábamos en la casa, un colibrí golpeó en su vuelo el vidrio fijo de un amplio ventanal y cayó desfalleciente, dispuesto a morir ahí mismo; con semejante choque, malherido, era como si hubiese dado por finalizado su ciclo vital; parecía que se malograba su misión de cacique succionador, consagrado a embellecer aún más las flores prestándoles sus alas.

Mi amigo observó el incidente, se acercó rápido al pequeño cuerpo desvalido y, sin llegar a tocarlo, le acercó la palma de su mano. Así estuvo unos tres minutos, quieto; luego, con sumo cuidado lo alzó y el picaflor, revivido, cruzó el aire como una flecha colorida exhibiendo, como regalo, su estilo inconfundible.

«A mí me han dicho que nací y que voy a morir, pero en realidad eso no lo sé, no lo he comprobado, lo desconozco. Quisiera hablar sólo de lo que sé por mí mismo, lo que aprendí desde mi propia experiencia, lo que me enseñó la soledad, el silencio y el desierto interior, no repetir lo que otros dicen sin descubrimiento propio. Si te mantienes conectado con la sabiduría de lo elemental, de lo simple, pones al universo en tu dirección, nunca te faltará nada en la vida.»

Es necesario crear primero el fenómeno amoroso del compañerismo para que florezcan las posibilidades del diálogo enriquecedor, fluido, espontáneo, integrador, no separatista. Cuando las reuniones en grupo fracasan es porque no se ha logrado primero esa amistad impersonal que acerca los corazones y las mentes a la unidad, a la comunicación plena, al diálogo creador.

En un plenario de directores de una importante empresa europea señalé estas condiciones esenciales de concordia para formar un equipo de trabajo. El presidente de la organización observó:

–En todas las reuniones de trabajo a las que asisto me siento molesto porque no deseo encontrarme con determinadas personas y me veo obligado a encontrarlas y soportarlas… ¡en realidad no los quiero ver más!

–¿Y qué cosas importantes y creativas salen de esos encuentros en discordia?

–Nunca llegamos a ningún acuerdo, postergamos todo para la próxima agenda, perdemos el tiempo.

Los diálogos de amistad, como los encuentros creativos, fortalecen las conexiones neuronales, hacen más frondosas sus arborizaciones y compensan con ello los desgastes naturales del patrimonio cerebral. Es importante rodearse de amigos valiosos y expulsar las conversaciones vanas; donde se habla de la humedad y del frío no hay amor. La vitalidad de la imaginación y los recursos inauditos del humor nos mantienen jóvenes.

Sin miedo, la conciencia se vuelve milagrera porque activa su capacidad de asombro; transforma todo el universo en un maravilloso cuento de aventuras, donde siempre está vacante un papel clave para nuestro protagonismo destacado, alegre y servicial; donde no hay tiempo para envejecer.

Es muy codiciosa la persona que no se conforma sólo con Dios.

Las súplicas de más bienes despiertan la compasión o la risa porque, pudiendo transformarnos en reyes, morimos pordioseros, reclamando algún milagro más, o una canalización personalizada de algún infatigable rey proveedor.

Es en nuestros diálogos sobre lo que desconocemos donde aprendemos a amar lo que ignoramos, al Absoluto, a Dios, a Aquello.

«Enrique, ¿por qué no escribes sobre las cosas simples que encontramos en nuestros paseos?; cuenta tus conversaciones con las flores y los pájaros, con el aire y los ríos. Nadie se animará a decirte que lo tuyo no es original, que ya fue escrito, que carece de actualidad.»

Y una enorme alegría invade mi ser al percibir cómo mi amigo sigue descubriendo asombrado cada hecho simple de la vida, como si fuese un niño absorto.

Lo maravilloso del cuento es que consigue, con el cruce mínimo de un tiempo y de un espacio, crear una galaxia de asombro, no real pero sí indispensable para sentir y ver realidades y sueños.

La conciencia no tiene edad ni tiempo. Por eso cada diálogo es inaugural.

6

AHORA

El único dato seguro es el ahora.

El portal de la alegría aparece cuando uno se anima a vivir, simplemente, de instante en instante, asumiendo las oportunidades de una vida creativa.

La avenida del sufrimiento inútil nos mantiene oscilando entre la sumisión y la rebeldía, entre la postergación y el lamento, entre la bronca y la frustración.

¿Para qué quedarnos con los errores de ayer si son tantos y tan buenos los que podemos cometer hoy? Dejemos el pesimismo para épocas mejores.

La conciencia de unidad sella la puerta donde mora todo mal; el despertar nos pone en contacto con la posibilidad de renacer.

El espacio interno muestra su vacío creador, su movimiento quieto, sus tesoros y su potencial. El observador se hace paisaje, es lo observado; lo que miramos nos mira con nuestros propios ojos.

Esta riqueza la conoce el río, el viento, las verbenas y la sombra. La libertad interna intensifica la excelencia de este contacto, se expande, contagia, purifica.

¿Nunca sentiste el deseo de salir rápido de tu guarida, dormitorio, taller u oficina, correr hasta el cansancio, volar por la bocacalle o el sendero hasta la nube más cercana, perderte entre sus vellones y mirar desde lejos las débiles fronteras de tu celdilla diaria?

Vivir en el ahora es una renovada muestra de poder elemental; un privilegio que beneficia a quienes amplían su conciencia y asumen la osadía de disfrutar de los secretos de lo simple.

Nacimos para aprender a no preguntarnos más por el futuro.

La mente se mueve más allá de las dimensiones ordinarias cuando se abre a la alta lógica, al saber de síntesis, al silencio creador y a la intuición. Esta transformación extraordinaria conoce y actúa de manera distinta porque trasciende las definiciones racionales y los métodos de rutina, no porque los ignore.

La contemplación permite que cada alma retorne a su hogar de origen, de donde la había «separado» la ilusión del ego personal. Los vínculos posesivos de afecto y de miedo achican nuestra percepción hasta los confines de una reducida caja mental.

Con amplitud de visión nos tornamos creíbles a los otros, no porque confíen en algo o en alguien especial, sino porque se percibe la osadía que otorga el tener claridad de la inmensidad que se desconoce.

Cuando se aprende a saborear lo simple, se goza la gracia de la unidad de la vida, de ser con ella, como hace la hoja de roble que muere dignamente en la soledad del bosque, sin que ninguna ceremonia funeraria altere o complique su maravillosa fugacidad.

Su presencia vegetal siempre fue sana, pétalo pleno que en su manifestación terrenal no quiso ser otra cosa más que lo que fue, todo eso, y que murió manteniendo su belleza enraizada en lo elemental.

Simple es aquello que no tiene partes, que no se puede descomponer ni destruir, que es principio, esencia, unidad, fundamento. La sencillez carece de doblez. Lo fácil es simple; lo que no significa que lo simple sea fácil.

Cuando lo simple es percibido como un hecho de realidad, es originario; cuando se lo valora como lo perfecto se transforma en lo imprescindible. Es lo necesario.

Una persona conectada con lo simple es un ser humano con fundamento. Para quien se asienta en la sencillez y se nutre de la savia inagotable de lo natural, todo es fácil, porque celebra tanto la aceptación como la renuncia, el fracaso como el éxito, la espera como lo imprevisto. Vive la vida como afirmación, como propuesta. No se enloquece en las seguridades del *no* crónico.

Cuando alguien se despabila de sus pesadillas, el combate con los dragones oníricos cesa de inmediato.

Cuando despertamos de nuestra rutina de vigilia, la casa se pone en orden, aunque este nuevo sueño sea más caótico y terrorífico que la misma pesadilla.

En algún punto de la conciencia todas las ilusiones desaparecen. Pero es importante advertir que todas las ilusiones nacen y mueren, con distintos ropajes y libretos, en la conciencia misma.

La opción que nos libera de las ilusiones de la mente y de los espejismos de la vida emocional es única. Consiste en des-identificarnos del hacedor para identificarnos con el conocedor, el observador de todos los personajes que actúan en el escenario de vigilia y de ensueños.

En una obra, los personajes no entran todos juntos, se van incorporando, aparecen y desaparecen según lo dicte el libreto; sólo el contemplador, la conciencia, sobrevive al espectáculo.

Identificarse sólo con la conciencia, con el aspecto testigo intermitente del observador de todas las funciones representadas o por representar, libera del resto de personajes. Si no está él no hay escena alguna, ni pesadillas ni despertar. Las ilusiones del sueño y las propias de la vigilia no son otra cosa más que conciencia que se mira a sí misma. Ahora.

El contemplador carece de edad, es siempre presente, no envejece. Uno suma los años que el personaje siente que tiene. Cada cumpleaños que festejamos en el calendario anual es un aniversario más de la ilusión que creemos que somos.

El sentido de la vida es encontrarle un sentido a ésta.

Soy el observador en vigilia y en sueños, en la vida y en la muerte. Así de simple. El conocimiento propio debe transformarse en un sentido de vida, hasta descubrirnos en lo que realmente somos, conciencia sin disolución.

7

HUMILDAD

Es un movimiento espontáneo hacia los otros que surge cuando se ha comprendido el alcance de conocerse a uno mismo. No es una virtud codiciada ni una disciplina impuesta; si alguien trabaja para ser humilde, deja de serlo. Al intentarlo, pierde naturalidad.

Cualquier forma de coacción, interna o externa, contribuye al surgimiento de la insensibilidad. Si gastamos energía en mantener mecanismos defensivos, complicamos todo el sistema de interrelaciones y nos debilitamos en el cinismo o la hipocresía.

Ninguna persona soberbia anhela encontrarse con otra similar, en cambio el sentimiento de humildad aspira a propagarse entre todos.

La egolatría nos instala en la superficie de la vida, nos hace vanos, personas de segunda mano. El desarrollo de la glándula de la vanidad deforma la realidad, acotándola al nivel de nuestras pretensiones imperiales; cuando la mente concreta se nutre de pensamientos materiales, pierde conexión con los mundos sutiles.

Si la mente y el corazón se tornan sencillos y se purifican de los sedimentos posesivos, resuelven con inteligencia los múltiples problemas de la cotidianidad.

El peso de la erudición aletarga la mente; tanto los recuerdos como las fantasías de futuro impiden ver el presente. Si uno mismo se considera lo más importante, la visión se hace miopía crónica, los problemas aumentan más allá de nuestras narices, nada de lo que vale se rescata.

La humildad llama a las personas a un replanteo de todos sus valores. Se sabe que la diferencia que existe entre Dios y el médico es que Dios no se cree un profesional de la salud.

Sólo una mente humilde, capaz de instalarse en el ahora, puede desencantarse de las ilusiones y espejismos con que alimentamos nuestros sueños personales.

Los signos externos de simplicidad pueden, en ocasiones, engalanarnos con facilidad. Pero la persona religiosa no es la que se viste con un determinado taparrabos, túnica de tal color o barba; tampoco la que ha hecho votos públicos o secretos, sino aquella cuyo espíritu es sencillo, su temple bondadoso, su mirada inspira sosiego y alegría, su voluntad anhela el bien altruista.

Una mente capaz de tamaña receptividad no tiene barreras para abrazar al hermano, no tiene miedo ni prejuicios, es inofensiva porque esgrime el poder pacífico de la armonía.

La luz de la verdad no permanece escondida. Sus mensajeros llevan vidas sencillas y adoptan medios naturales para expresarse, ofrecen la belleza de sus vidas a los demás y, tal como hacen los buenos orfebres que labran joyas perfectas de precio incalculable, nunca abandonan la sencillez ni hacen ostentación.

El alarde ante los demás, el deseo de ser alguien importante, la envidia, la vanidad, corrompen y hacen muy difícil, si no imposible, que brote la flor de la delicadeza, el arrullo de lo simple, el brillo manifiesto del ser plenamente lo que ya somos.

Siempre se puede aparentar o disfrazarse, pero se nota.

Las corazas tienen su peso, sobrellevarlas demanda mucha energía. Sin embargo, basta con un destello de inteligencia y sensibilidad para renunciar, de inmediato, a ser lo que uno no es.

En ninguna persona la humildad brilla más hermosa que en el gobernante.

A quienes valoran las obras de arte les alcanza una muestra elocuente de sencillez para reconocer en la tela, el bronce o la piedra la presencia de un maestro.

La sencillez es dulce sabiduría, claridad de mente, síntesis proveniente del alma. La sencillez convoca al instinto, a la intuición y al discernimiento; crea pensamientos y sentimientos con empatía, aleja la confusión, ama la claridad.

De la sencillez de intenciones brota el altruismo. Quien personifica esa actitud de vida renuncia al afán posesivo, a la posición ofensiva, al combate vano. Está libre de esos deseos materiales que distraen el intelecto haciéndolo divagar hacia territorios inútiles.

La felicidad que creemos conseguir de los objetos externos no existe, no es intrínseca a ellos. La felicidad es otro nombre propio del poder del alma, es inherente a ella, a la base de la conducta no condicionada, que permite la libertad que brota del conocimiento espiritual.

Carecer de ambición no significa una invitación a la vida miserable, arreglárselas sin nada o tener la vida de un asceta.

Todo lo contrario, uno lo tiene todo, incluyendo la satisfacción interna. Esto se refleja en el rostro –libre de perturbaciones, debilidades e ira– y en la conducta, con una elegancia y una majestad extraordinarias y a la vez ingenuas. Sencillez es retornar al niño inocente, al maestro sabio, al amigo inmortal por elevación de la conciencia.

Las personas que viven con sencillez disfrutan de una relación cercana con la naturaleza. Su moral proviene de las tradiciones perennes que funcionan en armonía con leyes universales no creadas por la humanidad.

La miseria es la desconexión del amor. El avaro no tiene nada, por eso quiere todo. La generosidad comparte los propios recursos y da prioridad a las urgencias de los demás, no es voraz. Una vida *sincera* es auténtica, sin agregados, como la «cera» que los mercaderes ponían a las esculturas para venderlas sin golpes aparentes.

Las personas sencillas no están esperando nada especial, no aguardan más premios. Sin embargo, obtienen regalos valiosos de todo lo que importa en la vida. Y sienten gratitud por todo y por todos. En cambio, donde no hay gratitud sólo puede darse la sequía, el envejecimiento perdedor, el aislamiento propio del sufrimiento inútil, las complicaciones.

Se cuenta que un jovencito, a los doce años de edad, sufrió un accidente grave y los médicos debieron amputarle el brazo izquierdo.

El muchacho se recuperó moralmente y cierto día, animado, decidió aprender algún arte marcial apropiado a su condición. Se dirigió a un afamado instructor que vivía en la misma aldea, un hombre entrado en años.

El alumno, entusiasta y dedicado, aprendió con gran rapidez. Sin embargo, después de seis meses de práctica diaria dominaba un sólo movimiento, que ejecutaba casi a la perfección.

Preocupado por las limitaciones de su formación le solicitó a su maestro que le enseñara otras formas más complicadas. El sensei lo escuchó con respeto, pero le señaló que le estaba entregando todo lo que él necesitaba incorporar a su vida de combate, por lo que era fundamental que se tranquilizase y, sin quejas, siguiera perfeccionando los secretos de ese único movimiento.

Poco tiempo después el muchacho fue invitado a participar en un torneo y logró clasificarse como semifinalista. El rival a quien le correspondía enfrentarse era mayor que él, más experimentado y dueño de unas destrezas imponentes. Nada parecía favorable para que un joven lisiado tuviese alguna oportunidad, no ya de ganar, sino de salir ileso. Sin embargo, el maestro le exigió a su alumno consagración total a lo que le había enseñando, sin más complicaciones.

Después de una larga contienda, el vigoroso oponente comenzó a perder concentración y a fatigarse. El alumno, por su parte, continuó aplicando el único movimiento que dominaba, seguro, sin fatiga, hasta que consiguió derribar a su rival, exhausto, al suelo.

De regreso a su casa, el muchacho preguntó a su maestro, que caminaba en silencio junto a él, impasible:

–Maestro ¿cómo pude ganar aplicando sólo una posición de ataque?

–Aprendiste a dominar uno de los pasos más difíciles de todo el judo. La única defensa posible contra ese movimiento radica en que tu rival te tome por tu brazo izquierdo.

Sé humilde y te conservarás entero. Consúmate y serás renovado. A quien más tenga, más le será quitado.

El poder de lo simple transforma los puntos vulnerables en la mejor protección.

Por eso es fundamental la honestidad con nosotros mismos, porque ella nos permite descubrir nuestra debilidad y convertirla, sin engaños, en la más segura fortaleza.

Preguntaba un gran maestro:

–¿De qué manera la humildad eleva a los hombres a la grandeza de la bondad?

Y respondía luego a los discípulos en silencio: «De ningún modo; la humildad es la bondad misma».

8

RÍO

El agua sigue su cauce sin descanso ni consulta. No pregunta por su destino. Ninguna duda detiene su paso, ni piedras ni forestas demoran su zigzagueo victorioso.

El río va seguro hacia lo que desconoce, ama lo que no sabe, empujado por el instinto de mar. Viene de las alturas, desde las cascadas. Su anhelo de retorno es irrenunciable, por eso no declina su paso tímido que pronto será torrente.

Abundante, corre cristalino brincando y dibujando ornamentos transparentes. Con remolinos, borbollones y vórtices de infinita geometría consigue limpiar el barro que la hermana lluvia acumuló en su torrente.

Canta con el sonido del viento, ronronea. Con delicadeza orquesta el trino de los pechos colorados y de los zorzales, el alerta de los teros y el coro de seis loros posados en el alambrado.

Su lecho de piedras desiguales, unidas en el aparente reposo de su condición mineral, arrastra todos los deseos humanos, la gloria de los héroes y la de los cobardes, la mansedumbre o la crueldad de los pastores, los amaneceres que prometen aventuras y los ocasos que auguran reposo para el guerrero.

A todos los habitantes visibles o invisibles los hace espuma y los evapora sin esfuerzo. Puede con la piedra. La besa con succión rápida, la humedece y la anima, le cuenta las noticias que vienen desde las alturas. No refleja ningún apego menor.

Nada teme en su murmullo. Se renueva en la dignidad de su permanencia. Vacío de vanidad mantiene vigentes sus encantos: la puntualidad del crepúsculo, la cita sagrada de las estaciones y la constancia en el cambio.

El viento acompaña la marcha impetuosa, no se confunde con las burbujas que provoca su aliento. El sol clava sus rayos y diluye rápido la humedad de las piedras que fueron visitadas por el torrente y la conserva en nubes que prometen, una vez más, un novedoso y nutriente río vertical.

En profunda conexión con su tarea oculta le pregunté al río qué estaba haciendo en ese momento. Me respondió con su voz cristalina pero firme:

–Construyo un puente.

–¿En qué lugar? –insistí.

–A unas treinta jornadas de aquí. Es una tarea exigente y no la estoy realizando en las mejores condiciones.

–¿Cómo es que te encuentras aquí, ahora, conmigo y al mismo tiempo haces un trabajo tan lejos?

–¿Por qué los humanos consideran que sólo se trabaja usando las manos y los pies? Tienes que comprender que mi energía es como el pensamiento, está aquí y allá, y sin embargo no abandono en ningún momento mi identidad. Mi naturaleza es un continuo fluir. No me conoces, me voy a presentar, mírame bien, soy el río: cavo mi propio lecho, limpio constantemente mi corazón, soy transparente. Soy como la sonrisa de un niño que nada sabe del objeto que la provoca. Viajo seguro, en este momento estoy contigo y en la cascada inicial, y en el puente y en el mar.

Para descubrirlo en su verdadera identidad, el observador personal, de mente concreta, necesitó desaparecer. La visión debe carecer de molde, de memoria, de afán de comprensión; si no es así, quien percibe sólo pone límites y deformaciones propias del mirar. El ego personal no descubre, recuerda; no inaugura, compara.

Fue entonces cuando se presentó una sirena lacustre que lucía su cuerpo desnudo espigado al sol y porte de reina solitaria y rebelde. Estudié sus movimientos delicados. La observé cuando, en un rapto de inspiración, hundió valerosa su larga pierna hasta convertirla en un termómetro natural. En el intercambio de calores, su voz se escuchó con claridad en todo el valle: «¡está fría... fría!». Era un grito de alarma, idóneo, de alta precisión clínica. Está dicho que «si el hombre es breve mundo, la mujer es cielo breve» y también que «joven hermosa y talento parece cosa de cuento».

Si su belleza femenina no estuviese allí, si no me acompañase su leal compañía, si ella no animara el paisaje, presiento que, tal vez, el río no me confiaría los mismos secretos y mi contemplación no alcanzaría esta integración conmovedora que me permite disfrutar el milagro de lo simple, sabiéndome, a la vez, protegido por su ternura.

La sencillez es magnética, atrae el instinto, la intuición y el discernimiento; expulsa lo vano, lo artificial, el mal gusto.

Lo simple es poético, no envejece, fluye como el río, encanta como un cuento de amor en primavera, como el talento, como la hermosura.

9

LENTITUD

Quedarse ahí, gozar de su ritmo, jugar alegremente con su movimiento calmo, no resistirle.

El disfrute de su caricia levanta pasiones, su cadencia ingresa en el corazón en pequeñas dosis y lo fortalece; su baile, enamora.

Es una gracia sin apuro ni pérdida de tiempo. Es partir, transitar y llegar, con el paso adecuado, por el camino cierto al destino justo.

No hay tiempo para la premura, todo es intensidad protectora, concentración, alta energía.

Caminando lento se conocen las ciudades y los desiertos; la prisa, en cambio, conforma sujetos tránsfugas, en constantes despedidas, desconectados de lo inmediato.

La lentitud es bella en sí misma, no vulnera ningún orden planetario; expresa el ritmo aparente de la estrellas, «sin prisa pero sin pausa».

Las personas que hablan despacio parecen mejor informadas.

Si cada persona hiciera bien lo suyo, lentamente, el mundo iría más de prisa hacia una mejor convivencia, a su tiempo y acabadamente.

Dios no tiene apuro. Las carreteras agrestes tienen su propia disciplina: «lento se llega lejos».

El artista japonés Hokusai dejó un testimonio acerca de su experiencia con la lentitud:

«He estado enamorado de la pintura desde que me di cuenta de ella a la edad de seis años. A los cincuenta hice algunos dibujos que me parecieron bastante buenos, pero ninguno de los trabajos que realicé antes de los setenta tuvieron valor.

»A los setenta y tres por fin logré captar cada aspecto de la naturaleza... animales, pájaros, peces, insectos, árboles, pastos... todo. Cuando cumpla ochenta me habré desarrollado más, pero no dominaré los secretos del arte sino hasta cumplir los noventa. Y cuando llegue a cien, estimo que mi trabajo será realmente sublime.

»Por último confío con alegría en que conseguiré mi final expresivo cuando tenga ciento diez años; será entonces cuando cada línea y punto que dibuje estarán imbuidos de vida.»

Sus obras, hoy en día, son contempladas como maravillas del genio creador. Sin embargo, para él serán todavía precipitadas. Sin dejar de expresarse, murió tempranamente a la edad de ochenta y nueve años.

Todos los grandes artistas de la humanidad confesaron que sus producciones necesitaban mucho más tiempo de acabado. Así sucedió también con Da Vinci y su *Gioconda*, el rostro más visto y admirado en pintura.

Otros reclaman un tiempo de gracia, para poder encontrar en la alta receptividad del silencio el color del viento, o los sonidos que produce la nieve cuando es rozada por los rayos del sol.

Confucio, en una ocasión, explicó el secreto de su sabiduría: «a los ochenta supe dónde estaba y me quedé quieto».

Es frecuente que las personas muy activas no se reserven un tiempo para darse cuenta de que nadie se hace rico si pasa la vida corriendo de un trabajo a otro. Alguna vez deberíamos considerar si todo lo que hacemos con tanta prisa produce una rentabilidad acorde. Este sencillo balance nos permitiría ordenar lo que invertimos de nuestras vidas para tales resultados.

Son muchos los despilfarros de energía por inconsciencia y por prisa. Hasta para preparar una buena salsa es necesario el fuego lento. Más tarde, para saborear la buena comida, es indispensable sentarse a la mesa con tiempo y tranquilidad para no atragantarse.

Los hombres ya no tienen tiempo de conocer nada nuevo. Si quieres tener un amigo debes ser muy paciente, obrar con lentitud.

Está claro que las grandes verdades nos aguardan en todas las cosas; pero ellas no apresuran su nacimiento en tu conciencia, tampoco se resisten.

No pueden confundirse los pasos rítmicos de la lentitud, profundos y creativos, con la inmovilidad de la pereza; como no puede compararse una oscitación con un suspiro, aunque ambos son carencias o excedentes de aire en movimiento según los estados de ánimo.

Al holgazán le repugna el movimiento; el sujeto apoltronado disfruta de sus ensoñaciones y de bostezos sin preocupación alguna, porque la vagancia tiene una ética muy rigurosa para sus celebraciones: «lunes y martes, fiestas muy grandes; miércoles y jueves, festejos solemnes, viernes y sábado, las mayores del año; el domingo el vago trabajaría, pero no es el día».

Cuando no asumimos la sabiduría de la lentitud, hasta llegamos a dormir apurados.

La lentitud pone su ritmo alegre al envejecimiento, lo enmarca, lo acuna, lo embellece, lo disuelve… rápidamente; es más suspiro que bostezo.

Que la simplicidad te guíe.

10

VIENTO

Es así, caprichoso, inesperado, ambivalente, impertinente, querendón. Cuando se propone bailar lo consigue con pasmosa facilidad y con fuerza mueve a su ritmo todo lo que toca.

En instantes logra que el bosque, a su capricho, dance hasta enloquecer. Escuchar sus rugidos conmueve y atemoriza, su poder reubica la soberbia de cualquier personaje. Carece de límites, es un océano de ideas.

Soplo divino. Desde el comienzo de los tiempos sabe que puede irritar al sujeto más atemperado y deprimir al más entusiasta.

Quienes estudian su constitución física explican que no es más que una corriente de aire que se desplaza en sentido horizontal a causa de las diferencias de temperaturas propias del calentamiento de la Tierra y de la atmósfera. Es conocido con muchos bautismos según las distintas geografías: vendaval, siroco, chorrillero, pampero, alisio, zonda, cierzo, gregal, monzón, simún, jazmín, chergui, harmatán, elesios..., además de aquellos que toman el nombre de las direcciones cardinales netas o combinadas de norte, sudeste, tramontano, meridio-

nal, levante, poniente. Todos sus ritmos se relacionan, a veces, en algún punto y movimiento con el ciclón, el huracán o el tsunami.

Le sobra vigor. A su paso, inclemente y limpio, desparrama vida e ideas, polen y semillas, tierra y granizo. No pide permiso.

Organiza coros espontáneos, instrumentos musicales misteriosos, melodías secretas para los gnomos, mientras las sílfides juegan con los rayos de sol cuando se filtran por la foresta y hacen brillar más verde a todo lo verde.

Escultor incansable capaz de modelar enormes arcos entre las rocas, así como fecundador masivo de vegetales con flores no vistosas que no requieren la visita de los insectos: trigo, vid, olivo, pino.

En algunos lugares, cuando sopla caliente, les está vedado a los jueces dictar sentencia, pues pueden perder objetividad por ofuscación temporal. En el norte de los Alpes, el foehn *es motivo suficiente para atenuar imputaciones por un delito; la* tramontana *en el noroeste de Cataluña es conocida como «el viento que vuelve loco».*

Ama las cometas con mucho color, protege a los parapentes prudentes y a los globos aerostáticos cuando deciden volar exhibiendo sus vivos colores. Por momentos levanta tierra o produce olas, no le cuesta mucho sacar, a veces, un árbol de cuajo y, otras veces, desaparecer de repente dejando el paisaje paralizado en una quietud que atemoriza.

También puede ingresar dosificado en la quena o en el trombón, en la flauta o en el clarinete, y expresar todo, la pena y la alegría humanas, con una elocuencia que las palabras no consiguen.

La poeta mapuche Liliana Ancalao dice: «el viento siempre vuelve, quiere rendirnos a nosotras».

«Corriente entre dos puertas, sepultura abierta» dice el refranero. Y agrega: «cuando nieva, nieva; cuando llueve, llueve; cuando sopla viento, hace mal tiempo». En síntesis: «viento, mujer y fortuna, mudables como la luna».

Mientras escuchaba con atención su desplazamiento, esa mañana de primavera sentí el deseo de sorprender a la brisa con una pregunta:

–¿La salvación es individual o debe uno ayudar a los otros a que se liberen de sus ilusiones y de sus espejismos personales? ¿Es correcto que permanezca aquí, solo y gozoso, escuchándote cuando hay tanto dolor en el mundo?

Me pareció que el aire cálido me envolvía con su cuerpo invisible y me contestaba suavemente:

–Imagina que en este mismo momento estás durmiendo y sueñas que navegas en un barco con otros amigos. De repente ocurre una tragedia: el barco encalla y comienza a hundirse. Te despiertas entonces con una dolorosa sensación de angustia. ¿Te pondrías de nuevo a dormir y a soñar para avisar a tus compañeros de viaje de que están hundiéndose?

Cuando uno se libera de los espejismos y de las ilusiones personales se transforma en una flor que no deja jamás de exhalar su aroma ni se marchita. Es sabio mantener la fortaleza y la sabiduría del viento, suceda lo que suceda en el orden temporal, porque en lo esencial ni nacimos ni moriremos, aunque nuestras queridas ilusiones nos agraden mucho.

En un recodo del camino pasó silbando, como es su costumbre, y me dijo: «Es verdad que la Tierra no es más que un pequeño granito de arena en una inmensa carretera. Pero es en la Tierra donde se da el fenómeno de la conciencia, y este acontecimiento evolutivo hace que sea el centro del universo».

El escultor Eduardo Chillida, conocido como el arquitecto del vacío, modelador de lo impalpable, abstracto y racional, plasmó entre piedra y metal el viento que adorna, aún más, la playa de San Sebastián. Mientras que Carlos Ruiz Zafón noveló el alcance interminable de su sombra.

Y ese gran torbellino que fue el poeta Leopoldo Marechal documentó el paso por esta tierra de un hombre muy simple, que había nacido en la casa del viento, que vivió y amó según la costumbre del aire. Es el resero Facundo Corvalán, en cuya tumba dice: «Nadie toque su sueño, aquí reposa un viento».

En la realidad hay personas-viento, no se las puede apresar, vuelan alto, refrescan o entibian los ambientes que crean según las estaciones, son libres, indispensables, portan semillas a su paso, sus obras nunca envejecen y acercarse a ellas rejuvenece, pues despiertan el asombro del niño dormido.

Los aborígenes de Australia gozan haciendo figuras en las arenas de la playa, conmovidos porque sus formas bellas carecen de permanencia.

11

SIESTA

Es la cita más importante del día, impostergable. Hace al ser humano más bueno, lo aplaca por horas, lo pone entre paréntesis, lo reacomoda. Es una entrega, un desarme sagrado, una tregua de alta receptividad.

Interrumpir su disciplina natural es un crimen de lesa humanidad; su reino fugaz debe ser respetado, su ceremonia pertenece a los derechos humanos consagrados.

Pretender alterar el horario de este ritual equivale a querer cambiar la hora y el sentido de la mareas, al menos, en algunas comunidades devotas de su santidad.

Segura de su poder, la siesta se constituye como el premio mayor para el paisano madrugador; somete a las honduras de su inmersión tanto al patrón explotador como al bien intencionado; suspende los malos pensamientos con sueños tiernos de amor sin prejuicio alguno, opera en las playas y en las zonas mediterráneas, en los bosques y en el desierto, en las alturas de las montañas y en los valles.

Es un pacto de conexión total, de acuerdo interno, de renuncia, de diálisis purificadora, de renacimiento, de abandono en el medio cielo, preparatorio de la lucidez del crepúsculo. Su práctica nos permite acostarnos tarde y despertarnos temprano gozando de un acompañamiento cósmico de cortesía a la inexorable puntualidad del sol y la luna.

Es una vacuna inofensiva para el estrés y la hipertensión; un punto y aparte; actúa como si fuese el aparato digestivo de las buenas ideas; es un ejercicio de sinceridad por retorno gozoso al océano de la alegría intrauterina.

No debiera ser superior a una hora ni menor de quince minutos, aunque mejor sesenta segundos que nada. Algunos, por razones de agenda, suelen practicar la llamada «siesta de las llaves», que consiste en sentarse en un cómodo sofá, después de haber comido bien y de haber degustado un buen vino, con un llavero en la mano. Cuando éste cae al suelo, por flojedad de los dedos para su retención, su ruido despertará al portador. Ello constituye la señal inapelable de que el reposo ha terminado y de que es el tiempo correcto de retornar a la exigente sociedad.

La sabiduría popular decreta su necesidad diaria: «Comida sin siesta, campana sin badajo». En España es conocida con el feliz bautismo de «yoga ibérico» y su invención se le atribuye al prodigioso san Isidro, que la practicaba todos los días en el campo mientras los ángeles lo protegían de los tábanos.

La siesta una vez preguntó: «¿Hay alguien más bella que yo?».

Y tan segura estaba de los méritos de su condición que desde entonces guardó silencio sin esperar respuesta alguna de nadie.

Pues es insinuante, provoca con sutiles llamadas, ejerce su propia cronoterapia, tan intensa como fugaz. Es una brisa grata, movimiento que procede como esos artistas anónimos que gustan de hacer figuras en las arenas de la costa, para que su arte sea apreciado en la fugacidad de sus perfiles, no en su permanencia.

Ninguna de sus convocatorias fracasa: ella sabe que quienes no la disfrutan en el momento oportuno, la sexta hora, entre las 14.00 y las 16.00, andan después dormidos el resto del día, que «no toda vigilia es la de los ojos abiertos».

Se presenta acompañada de los cuarenta ladrones que en cada jornada le roban energía y disfrute a la persona contemporánea. Frente a la montaña de las obligaciones formales, de los sobreesfuerzos, de los noticiarios y de las conversaciones vanas, ella decreta:

«¡Ábrete, Sésamo!»

Y los tesoros del sueño profundo, generosos, prodigan de inmediato beatitud y paz sin otro costo que la osadía de la entrega.

No podemos invitar a la felicidad, ella sucede, no está fuera. Es como un cuento que fluye cuando no lo buscábamos, que nos reubica en lo importante, en el lugar de la imaginación y de los afectos, y por ello nos mantiene jóvenes y magnéticos, aunque no sea más que un minuto.

Los escultores del simbolismo espiritual primero entraban en profunda meditación y en un momento exacto tomaban el martillo y el escalpelo para cincelar.

Después de una excelente siesta uno continúa el día un poco mejor. El sueño profundo tocó ese vacío lleno desde donde opera, inagotable, el poder de lo simple.

12

VERBENAS

Rojas, amarillas, violetas, azules, blancas y lilas; nadie viste su delicado cuerpo, pero superan desde siempre con su diminuta hermosura los costosos trajes del rey Salomón. Se la considera hierba sagrada: «la verbena lava y cercena, mas cría como colmena».

La elegancia de su porte y el silencio majestuoso que envuelve su presencia hacen que todo caminante sensible trate de no dañar con su paso tamaña catedral de belleza. Son alimento de los pájaros y favoritas de las mariposas.

Existen formas solitarias, otras se congregan en pequeños grupos de dos, tres o algunas más. Conté hasta siete juntas; me pareció que estaban conversando en voz baja, muy interesadas, tal vez formaban un grupo de creatividad proponiendo iniciativas para mejorar el jardín. Se sabe que no conceden entrevistas; son muy sensibles. Para ganar su confianza hay que acercarse a ellas con lentitud y en silencio.

Las encontré cuando volvía del campamento de

scouts, donde me habían invitado para hablar sobre la imaginación, la solidaridad, la integración; para que llevase cuentos en esa segunda jornada en la zona. Al regresar, una de las verbenas se animó a preguntarme:

–¿Cómo fue tu día?

–Bien –le respondí–. Hice un gran negocio. Hoy la vida me dio ochenta amistades nuevas.

Se abrió en toda su belleza y me dijo:

–Es muy lindo lo que dices. Por otra parte ¿quién podría asignarte una recompensa especial cuando tu misma obra es ya un premio?

»Nunca le des la espalda a tu maestro interno, escúchalo. Un medicamento que permanece enfrascado jamás puede aliviar a alguien.

»Y a propósito de fármacos y de salud te contaré un secreto:

»Entre nosotras, la verbena blanca es una plantita curalotodo. Es diurética; ayuda a eliminar las arenillas en los riñones; es un aperitivo amargo; óptima para cataplasmas: con ruda y ajenjo regula el período menstrual; es eficaz cuando hay que eliminar lombrices, fiebres y dolores de cabeza; disminuye la fiebre y es muy adecuada para hacer gárgaras. Se usa siempre en infusión, poniendo veinticinco gramos de ella en un litro de agua. No tienes que gastar en envase, publicidad, local ni personal especializado. Sabemos mucho de las hierbas medicinales que aparecen en todos los terrenos; no nos afecta para nada que nos saquen de la tierra cuando se trata de ayudar.

»Crecemos en direcciones opuestas, nos hundimos en la tierra como seducidas por su fuerza de atracción, y al mismo tiempo también lo hacemos hacia el aire como si de nuestro diminuto cuerpo tirara una forma de antigravedad.

»Los animales salvajes no necesitan explicaciones de por qué algunas de nosotras los alivian cuando están enfermos.

Dice el refranero popular: «Quien come verbena el día de San Juan, se libra de reuma, culebra y todo mal».

Desde entonces observo cada verbena que aparece en mis caminatas por el campo. Como un verdadero cuento de color, ellas saben de enanitos y de gigantes, absorben el sol con gratitud, juegan con el viento, curan por presencia, vitalizan, rejuvenecen, están conectadas con los mundos sutiles, por eso se ríen a escondidas.

13

GUIÑO

Luz de giro, mariposa virtual, parpadeo sutil, e-mail muy breve, fuera de sistema.

Comunicación puntual, instante cómplice, mirada descarada, parcial y urgente, clave de juego, declaración o súplica.

Sorpresa, despedida, permiso, ambiente de confianza, travesura.

Entendimiento sin palabras, noticia esperada, contenido breve, paloma mensajera en tránsito urgente, beso instantáneo y robado, mariposa locuaz.

No confundir con molestia ocular ni con un tic nervioso.

Le pregunté al guiño: «¿Qué es ser libre?».

Y me respondió de inmediato: «No salir del ahora».

Me pareció muy profunda esta respuesta. Me preguntaba cómo una expresión tan fugaz de la vida podía encerrar tanta sabiduría, cuando me dijo: «Te contaré una vieja historia que siempre me ha inspirado:

»Un rey pasaba sus días muy interesado por la búsqueda de temas y estímulos espirituales; para ello solía recibir a diferentes peregrinos que pasaban por la comarca con la esperanza de que pudieran brindarle nuevos caminos de conocimiento interno.

»En cierta ocasión el monarca tuvo noticias de un asceta misterioso que, para algunos, aparentaba ser un completo embaucador. Decidió invitarlo para que probase, ante su presencia, su idoneidad. Al mismo tiempo, el rey se disponía a aprender algo más de los encuentros insólitos que le ofrecía la vida.

»El asceta se presentó ante el soberano muy cauteloso, y éste, sin mayor reparo diplomático, le dijo:

»–O me demuestras que eres un maestro auténtico o te enviaré a la horca.

»El hombre alzó su rostro con dignidad, su mirada era pura y su voz calma:

»–Majestad, os aseguro que en este momento tengo visiones extraordinarias, no puedo dejar de percibirlas. Veo con claridad un ángel que nos está observando a los dos, lo acompañan diablillos rojos de ojos brillantes que se ríen, una serpiente negra está enroscada en la base de tu trono y debajo de la tierra escucho a un conjunto de fantasmas que festejan maliciosamente mi presencia aquí.

»–¿Cómo es posible –inquirió asombrado el rey– que puedas mirar a través del suelo, que oigas voces subterráneas y percibas todas esas entidades horribles de las que me hablas como un delirante?

»El asceta contestó con voz segura:

»–Majestad: sólo hace falta miedo, mucho miedo, y se ven todas esas ilusiones.

»El rey comprendió de inmediato que se trataba de un hombre que decía la verdad, que hablaba desde el presente, desde su experiencia. Y consideró que una actitud tal de sinceridad sólo podía ser sostenida desde una gran realización interna. Lo absolvió de toda sospecha, le hizo un guiñó con el ojo izquierdo y se hicieron grandes amigos.

»Se sabe que en cierta ocasión el rey le confesó al peregrino, ahora transformado en su maestro, que, a pesar de sus poderes y de sus guardias, él también había sentido miedo cuando lo conoció y le habló de esas visiones terroríficas, y que antes de conocerlo también había sentido miedo de que fuese un embaucador más que venía a engañarlo con embustes miserables».

La vida personal es tan fugaz como un guiño; algunos sueñan que estamos vivos porque hay alguien, en algún lugar que desconocemos, que nos ama muchísimo. Es ese amor el que nos sostiene y nos protege. En el instante en que podemos reconocer esa amistad inmortal, nos iluminamos, sentimos la alegría porque sí, y el miedo, con todas sus pesadillas, desaparece como por arte de magia.

Muchos sentimos con dolor el avance de los años, que va empobreciendo de vitalidad y belleza nuestro cuerpo. Sólo vive como rico quien no tiene deudas consigo mismo. El estado de juventud no es asunto de calendarios ni de mera cronología formal; es una sensación de salud, de bienestar, de sentirse bien. El cuerpo hace un guiño de aprobación a nuestra calidad de cuidadores.

El guiño de la juventud es una vivencia afectiva de plenitud y vigor que se alcanza cuando el corazón está tan abierto que honra a cualquier acreedor real o imaginario; irradia amor sin guardar nada para sí y sin pedir nada a nadie.

Sentirse joven es no perder nunca el tesoro de la libertad interna, la alegría y la paz con uno mismo. Sin ellas se inhibe la capacidad de disfrute y de celebración, y los contactos que puede desplegar la madura mocedad con sus mejores guiños a la vida.

14

SILENCIO

Es un preludio a la revelación, una ceremonia sacra. El mutismo, en cambio, es el cierre a todo mensaje.

Primero, la tormenta, luego el rayo, después el trueno. De inmediato, el universo del silencio, pleno de luz y de quietud, se hace sinfonía de ángeles, voz de las montañas nevadas y desérticas, solemnidad de alta mar, sueño profundo y beatífico.

Con la meditación nos hacemos fieles amigos de su compañía. Es una llave mágica y cercana, económica, disponible para las grandes o pequeñas empresas. Se activa con la imaginación y con la confianza; se subordina a la sabiduría del orden oculto con que el universo se organiza a cada instante.

Cuando uno cultiva la amistad con el silencio, con el vacío, el yo personal también se aquieta o se evapora, no tiene de dónde agarrarse.

La polución sonora en las grandes ciudades se impone de manera despótica, no pide autorización para presentarse, no se hace cargo del daño que produce: lastima nuestra sensibilidad, envejece nuestra capacidad auditiva, su violencia absurda conspira contra lo simple, complica los vínculos de comunicación, ensordece los registros finos que requiere una convivencia en armonía.

Desde el silencio opera, sin resistencia alguna, la totalidad del ser, y aparece la acción que no proviene del deseo. El poder de la sencillez radica en la fuerza de lo natural. La energía del vacío supera a la compulsión del instinto y a cualquier otro contenido.

Muchos temen entrar en los salones de su palacio; presienten el riesgo de no encontrar salida alguna entre sus muros. Otros piensan que es innecesario, inoportuno, de mal gusto, que ya habrá tiempo de callar para siempre. Cualquier reencuentro con nosotros mismos parece implicar una desaparición, no una aparición.

La muerte, sin embargo, es un acceso de luz intensa, no de oscuridad. Las tinieblas son propias del mundo de la vigilia y del mundo onírico.

El silencio creador, acabado, perfecto, es como un orgasmo de armonía, un desborde constante de beatitud. Para apreciar este ikebana mínimo, esta insólita flor de loto surgida en contextos infectados, este movimiento justo, ornamental y gracioso, debe desaparecer todo lo sobrecargado, lo inútil, lo complejo. El pensamiento enredado obstaculiza, es incapaz de aproximarse a la grandeza exacta de lo simple, teme por su desaparición e incrementa su ineficacia.

El silencio no es carencia de voz ni afasia cerebral o psíquica; de la misma manera que inmovilidad no significa impotencia.

El discurso es un movimiento externo y puede ser superficial; el silencio, en cambio, es profundo, domina la elocuencia de lo simple, es demoledor por el fundamento que lo sostiene.

El maestro dijo a sus discípulos:

–Permanezcamos en silencio y mantengamos los ojos cerrados.

Poco después preguntó:

–¿Cuántas veces he cambiado de posición?

Uno de los alumnos dijo: doce veces; otro respondió: solamente cuatro; alguien repuso: no te has movido.

–Habéis estado desatentos, habéis escapado del ahora; he cambiado mi posición y los pliegues de mi túnica sesenta y siete veces. Refinad la atención y la receptividad: es evidente que cuando cerráis los ojos habláis mucho entre vosotros, pero muy poco con vosotros mismos.

El silencio creador es una mirada que no tropieza, un testimonio de la unidad; sobrevive perfecto en su condición natural, carece de reglas gramaticales. Todos lo entienden, no existen barreras para su comprensión, conmueve como lo hace sin palabras la montaña, con la majestuosidad de sus grandes alturas.

El silencio de las matemáticas es el cero. En un cuento lo genera el suspense, cuando el relato se interrumpe antes del desenlace, cuando la mente queda en cero, llena de vacío, en total atención.

Un misterio griego suplicaba: «Oh, cuerdas, tocad a silencio a fin de que una nueva melodía pueda llegar a mí». Los acordes son escuchados sólo por el oído atento, ellos dicen muy suavemente: «soy el silencio, carezco de edad, cultiva la amistad que te ofrezco, mi compañía te favorece, te mantiene joven.»

Antes de que los escultores hindúes comenzaran a trabajar sobre la roca el perfil de un dios, mantenían un prolongado silencio; entraban en meditación profunda hasta que en el momento preciso tomaban las herramientas e iniciaban el trabajo de creación.

¿Cómo te das cuenta de que la carreta que se acerca viene vacía? Por el ruido que hace.

15

PERRO

Te sigue en las caminatas. Corre y salta entre los pastizales como si fuese la primera vez que está en libertad. Disfruta con el aire, con la lluvia, con el río, pero por encima de todas las cosas con la compañía humana, especialmente cuando se le habla y felicita por sus brincos.

Cuando salen en cuadrilla de pronto se detienen y quedan estáticos como si fuesen esculturas de salón. Algo presienten o han visto; con esperanza, como cuando la lluvia amaina, aguardan confiados el paso de alguna liebre suicida. Siempre suelen ser perdedores en los últimos metros, cuando con un quiebro magnífico la presunta presa se hace invisible y ellos deben frenar, por inútil, la carrera. No suman fracasos; para ellos lo que importa es estar «siempre listos», para mostrar a niños y adultos que nada se les pasa por alto en este mundo complejo.

Están presentes en todas las simbologías como intermediarios entre el mundo de los vivos y el de los muertos. Héroes civilizadores, antepasados míticos, símbolos de lealtad, constancia y potencia sexual. Según tradiciones islámicas, poseen cincuenta y dos virtudes, de las cuales la mitad son santas y la otra mitad, diabólicas. Si un ser humano no tiene hermanos, los tiene a ellos. El sentimiento de un perro es muy similar al de su amo.

Hace treinta años que es casera de un hogar religioso de la zona. La próspera institución todavía no ha conseguido facilitarle una vivienda digna que le permita realizar de manera más cómoda y segura su servicio de protección.

La residencia se llama La Obra de Dios y funciona sólo en temporada de verano. En cambio, ella trabaja todo el año poniendo su aporte silencioso también en los duros días de invierno. Pero no tiene un techo adecuado ni permiso de acceso al edificio nuevo, que cuida, vacío y sin uso, durante diez meses.

No es vista por sus patrones, la dan por supuesta. Para ellos no existe como ser con necesidades, aunque se benefician de sus servicios mal remunerados. ¿Para qué innovar si siempre fue así? Para un observador atento se trata de la obra de un dios muy pequeño, nada solidario.

Tampoco los vecinos, poderosos, muestran ninguna colaboración altruista con la bondadosa mujer. Sólo su perro la acompaña sin condiciones; le brinda lo mejor que tiene, le regala, desde sus únicos recursos, los beneficios de su millonaria fidelidad.

Existen, en los países ricos, desfiles de moda para uso canino. Las mascotas pasean orgullosas con sus dueños exhibiendo modelos costosos, sombreros, pecheras, botas, bozales artísticos. En lujosas tiendas de Nueva York se exponen vidrieras con los últimos ladridos de la más fina moda, porque un perro dice mucho del nivel social de sus dueños.

Al mismo tiempo abundan los cementerios, de arquitectura sofisticada, para los entrañables hermanos menores, cuyas bóvedas dan origen a la nueva literatura de epitafios, mucho más conmovedora que la de los cementerios de rutina.

Dedicarse a cosas vanas y complicarle la vida a las mascotas que nos soportan hace envejecer, en esta vida y, si la hubiera, también en otras. A pesar de ello, cualquier perro se alegra ante una posible salida con su dueño. Es una fiesta tan atractiva y novedosa como simple.

16

NUBES

En un tiempo bastaba clasificarlas en cuatro tipos: cirros, estratos, cúmulos y nimbos. Y bastaban para predecir el clima. Ahora se las agrupa por lo menos en cirros-estratos, altos-cúmulos, altos estratos, estratos-cúmulos, cirros-cúmulos, cúmulos-nimbos, y los pronósticos se han hecho muy inciertos; parece que hasta las nubes se han complicado.

Cuando chocan entre sí y abren su caudal de lluvia, el agua desciende hecha poesía sonora que llora por alejamiento del cielo. Su caída cambia la energía del aire; la ionización positiva produce bienestar, la negativa, migrañas.

En la tradición china las nubes simbolizan gracia y sabiduría, la mutación necesaria para que un discípulo se transforme en sabio: lograr que el ego se disuelva lo hacen ellas: lluvia, riego, laguna, río, mar, vapor y nada en ascenso a su mejor condición.

El discípulo quería elaborarlo todo a través del entendimiento intelectual. Sólo confiaba en la razón y estaba encerrado en la propia jaula de su lógica. Visitó a su instructor espiritual y le preguntó:

–Señor, ¿quién sostiene el mundo?

El maestro repuso:

–Doce elefantes blancos.

–¿Y quién los sostiene a ellos? –preguntó intrigado el discípulo.

–Otros doce elefantes blancos.

Las preguntas no son entidades que caminan solas, no existen por sí mismas, se desplazan en los cerebros de los preguntadores. Tú eres quien conoce a quien pregunta, eres tú mismo la pregunta. Tomar conciencia de que eres conciencia y de que tu pregunta es conciencia es el camino para liberarse del ego preguntador. Vivimos entre pensamientos, entre preguntas, entre recuerdos, pero la verdad que nos hace libres dice «Tú eres Aquello».

Los vagabundos siguen a las nubes, los anarquistas las respetan por ser maestras de libertad, los ángeles las usan como taxis cuando se cansan de volar por las alturas cumpliendo las emergencias a las que los someten los humanos. Los cielos de Van Gogh no tienen la misma calidad que los girasoles que pintaba como soles de jardín.

Cada vez son menos los grandes ríos de mil kilómetros de longitud que pueden llegar hasta el mar. Hasta ahora sólo sesenta y cuatro de ciento setenta y siete lo consiguen, pero se calcula que en quince años se reducirán los accesos libres en una cuarta parte. Todo el resto quedará prisionero en represas y otros tipos de construcciones humanas, afectando a riegos, agua potable y la vida de los peces.

Les corresponderá a las nubes el heroísmo de mitigar este daño ecológico. Ellas se ocuparán en silencio de destilar justicia, de trasladar el agua evaporada en su seno lechoso y lanudo; luego la dejarán caer en el océano como lluvia protectora, libre de toda constricción humana.

Muchos economistas, recaudadores de impuestos y notarios no pueden comprender el alcance de estas historias simples porque sus compungidas vidas han sido programadas para ordenar computadas «cuentas», no para hilvanar «cuentos» en un collar de perlas como hacía el místico Anthony de Mello. En sus rutinas no llueve la magia de la imaginación.

Aunque muchos de estos profesionales de los balances son reconocidos, en el sueño colectivo, como grandes «cuentistas» o «dibujantes», aunque en el propio sueño individual cada uno de ellos, aunque no lo digan, aspiren a volar en parapente, o a integrar una orquesta sinfónica o a practicar jardinería. Todos quisieran estar más cerca de las nubes, como cuando eran niños y contaban figuritas, no como ahora, en que cuentan y recuentan papeles pintados que alguien nos hizo creer que valían muchísimo. Juntar monedas falsas nos hace envejecer con prisa, mucho más si además vienen sucias de explotación.

Los vagabundos consideran que tienen una gran misión en la vida: se trata simplemente de seguir a las nubes y luego comentar entre amigos, en los fogones o caminatas, los secretos que les cuentan.

17

MUERTE

Su simpleza es conmovedora; su aparición, inconfundible. Su mano no conoce fracasos, su memoria ignora censos y directorios formales pero a nadie obvia, ni llega a la víspera precipitada, ni a deshora, postergada. Es pulcra en sus movimientos, sus cortes son precisos. Es un derecho humano sagrado que debe preservar, sin excepción, su dignidad.

Que nos sorprenda completamente vivos, lúcidos, hambrientos de más luz, confiados en un destino superior, más allá de las limitaciones perceptivas de nuestros sentidos.

Viaje más allá del tiempo, amplitud de las dimensiones conocidas, abandono de ilusiones y espejismos. Nos llama a la liviandad del aire, nos invita, sin cuerpo, con el viento a danzar por el bosque, suspendidos de la nada como el colibrí, fuertes como las verbenas, seguros como el refugio del hornero.

Desenlace honroso compartido con amigos que celebran la partida, que aplauden la excelencia de la visita compartida.

Todos sabemos morir solos, pero no nos damos cuenta. El dormir es una práctica rápida de micro-muerte;

identificarse con el alma en la meditación es un ejercicio en el morir, una invitación a nacer en lo esencial. Filosofar, enseñaba Sócrates, es ejercitarse en el morir.

El dolor es propio de la personalidad. La alegría, en cambio, es expresión del alma, de la entrega, de la comprensión, de la paz, tan intensa y beata como el deseo de liberación.

El aspecto forma parte de nuestro ser, y siempre pide prórrogas; pero ante la muerte claudican todas las solicitudes de horas extra, cualquier mandado o espera. Las citas con ella son puntuales, como corresponde a entidades responsables.

Llama a la desnudez, como fue al comienzo. El paréntesis se cierra, todo estuvo perfecto en el sueño. Ahora empieza el despertar. El gran maestro de lo simple Lao Tse expresó: «vamos a la muerte para renovarnos».

Nos llevamos todo el amor que dimos; nos acompaña la grandeza de lo que servimos. Todas las monedas falsas que pudimos juntar quedan desubicadas en la ambición que se extingue. No morimos, sólo cambiamos.

Walt Whitman pedía a sus amigos que lo perdonasen por tardar tanto en morir.

El fundamento de la religión egipcia radicaba en la convicción de que la vida continúa después de la muerte, aunque bajo una forma de existencia diferente. El pan y la leche eran las indispensables ofrendas funerarias como viático en el camino hacia el más allá.

Mark Twain cuenta: «Yo tenía un hermano gemelo. Un día en la bañera se ahogó. Nunca logré saber si fue él o fui yo».

Existen momentos en que uno busca hacerse invisible, desaparecer, no ser visto por nadie. A veces uno necesita alejarse o morir a «esas cosas que enferman el cuerpo y envenenan el alma» y necesita montaña, valle, océano, elevación, tierra, bosque, cascadas, agua pura, amistad, silencio, oro puro: vida natural, estética de lo simple, ética de la sencillez, sentido de vida trascendente, es decir, muerte de la superficialidad y del consumismo. Vida alegre.

Una muerte pacífica, cuidada, digna, en armonía es un derecho humano esencial irrenunciable. Sin embargo, es lamentable observar de qué manera, así como complicamos nuestras vidas con múltiples artificios y necesidades vanas, impedimos al ser humano contemporáneo la lucidez de morir en paz.

No existe un servicio más piadoso que ayudar a una persona a morir bien. Asistir a un moribundo es una real iniciación en tu propia experiencia de muerte, es el aprendizaje indispensable de un hecho simple y universal, otorga a nuestras vidas la compañía de un poder increíble.

Aconsejan los lamas tibetanos: «imagina que los rayos de luz se derraman sobre la persona moribunda y purifican todo su ser, y luego la persona se disuelve en luz y se funde con la presencia espiritual». Si el paciente te llegase a preguntar qué estás haciendo en silencio allí sentado junto a él, dile lo que imaginas sobre su futuro y lo comprenderá de inmediato.

Los moribundos, grandes selectivos, extraordinarios maestros, nos enseñan a desechar todas las complejidades innecesarias de la vida de rutina. La calidad de una sociedad organizada se percibe en el cuidado que presta a las personas, al recibirlas bien y al despedirlas con dignidad y alegría.

La gloria de la vida es consumación y renacimiento. El alma sobrevive al episodio corporal. La muerte es una práctica demasiado cotidiana, por eso no la vemos.

18

ABRAZO

Acorta distancias, contiene, vitaliza. Los corazones se aproximan como para conversar. Alguien recibe, otro se entrega, o bien ambos protagonistas se mimetizan. No hay abrazo si dos cuerpos no se entrelazan.

Deseo de fundir al otro en una sola existencia; una forma de impedir que la fuga de la separación se filtre. Comunicación intensa, presión vital, descanso esperado. Es un instante abismal.

Es reencuentro, un contacto que expulsa el miedo. Balance de todo lo no dicho. Un freno en el momento justo, caricia de sentimientos que buscan la unidad sin palabras. Movimiento simple de gran elocuencia, intenso y breve. Premio en una búsqueda, celebración de la amistad, calor compartido.

A veces se abraza una teoría, una religión, un dogma, y ello opera como una muleta ocasional que da apoyo, seguridad y, al mismo tiempo, genera adicción. Asirse a explicaciones, teorías y lecturas nos conduce hasta un cierto punto aceptable, pero el resto del sendero debe ser hecho en profunda soledad; exige abrir los brazos a todos los caminos, es un paso individual necesario para conectarse en libertad con cierta cualidad de energía que despierta, más allá del pensamiento.

A veces nos abrazamos a ideales de moda. La belleza está definida, hoy, por una forzada imagen del cuerpo que difunden las industrias de las pasarelas, los usos y costumbres de los grupos adinerados y de famosos sostenidos por la aceptación pasiva de una enorme masa de seguidores. Lo bello, sin embargo, no se encuentra en la apariencia, sino que en su forma más sencilla elimina la arrogancia de las ropas ostentosas propias del vivir antiestético y extravagante. Para abrazar la belleza, primero es necesario sensibilizarse. La receptividad debe estar desnuda de condicionamientos, como el gato cuando camina por el tejado, el hornero que se para en su nido, o la flor que se abre al rocío.

La belleza gusta sin concepto ni publicidad, mora más allá de las apetencias de ricos y de pobres, se aprecia en las pequeñas cosas de la vida, muchas veces no visibles ni aparentes. Abrazar la sencillez es apreciar la hermosura de lo simple, es reconocer la dignidad de todas las personas y tareas, el valor de todos los paisajes, incluso de los más desafortunados.

Abrazar la sencillez, enamorarse de ella, es una propuesta de nueva vida donde cada uno se siente más responsable de la aventura de la conciencia, especialmente cuando escucha en su interior una llamada inequívoca a replantearse todos los valores y otorgarles vigencia en cada conducta.

En el abrazo, como en la caricia, la piel se reviste de paciencia.

Si uno abraza con frecuencia a los seres que ama, no envejece.

19

BESO

Contacto que convoca al silencio, a la intensidad del ahora.

Si es genuino, siempre es artesanal. Es un aterrizaje y, al mismo tiempo, alas que se unen para volar, fusión, compromiso transformador, mariposa labial instantánea, colorida como los sueños que la sostienen.

No se explica, se ejercita.

Es un mensaje total, transita sólo de boca a boca. Es un mordisco sumamente cuidadoso. Su desnudez, simpleza y entrega siempre conmueven, pues ven mejor al otro en la oscuridad total.

Si es materno, se llama ternura; si es paterno, protección; entre hermanos es lealtad; entre amantes, entrega. Cuando es de despedida es una lágrima compartida; de encuentro, el inicio de lo nuevo, bienvenida a la aventura. Algunos grandes amadores consideran que besando una boca se olvida otra.

Si no vibras con mis besos, decía el poeta Eise Osman, estás besando mi fracaso.

Robar un beso es una felonía difícil de reparar, no se puede devolver lo que se obtuvo mal.

Un beso traicionero, de mala fe, se siente como una punción. Un beso en la mano es delicadeza y buenas intenciones para la acción. Sólo un loco puede andar besando bocacalles.

Tirar besos al aire es salpicar a la sociedad con saetas del corazón, es un símbolo más de que el cielo y la tierra se tocan, de que lo invisible se hace contemplable en lo simple.

Un beso esperado de amor correspondido pone al universo en tecnicolor, hace renacer el entusiasmo, confirma el poder lo simple, revela al mundo los secretos de la sencillez y nos mantiene en la mejor condición de la juventud.

El beso, como la caricia, es una creación compartida. No sujeta, libera; toca sin herir.

Cuántas enfermedades no son otra cosa más que desamor, ausencia de abrazos, huelga de ternura y de besos.

Existen cientos de formas, ritmos y estilos: el beso nominal, en carta certificada, calculado, directo, inclinado, terapéutico, ceremonioso, a una mejilla, a dos, frontales, al rostro amplio, zonal, relajante, apretado, muy apretado, para despertar, irreverentes, de agarre, de combate, de exploración, de lengua, girando, de despedida, de encuentro, cálidos, fríos, secos, húmedos, según las estaciones, las edades, las feromonas y las endorfinas, complicados y simples, es decir, porque sí, espontáneos, amorosos.

Quien no ama ni es amado, muere por dentro. Un niño en esa misma condición puede fallecer, abandonar su cuerpo físico, enquistarse en el odio, hundirse en la depresión o en el autismo total.

20

CÉSPED

En posición horizontal, descansando, el cuerpo adopta la extensión curva del planeta en el atardecer tibio, recuerda cuando fue alga humedecida por el beso de las mareas.

Resulta gozoso percibir cómo la fuerza de la tierra se filtra a través de esa capa de clorofila muelle, fresca, y sanadora. La magnitud del cielo empequeñece y ridiculiza cualquier pantalla de televisión; sólo la imaginación puede competir con tamaño zoom, *inmenso, oceánico, como el disfrute que provoca en el observador atento.*

El manto verde me preguntó entonces con picardía:

–¿Sabes, Enrique, a qué llaman los seres humanos «mala hierba»?

–Lo desconozco –respondí.

–A cualquier planta cuyas virtudes todavía no han sido descubiertas.

De bruces, con los brazos abiertos como para raptar el cielo, sin apuro ni la presencia de hormigas externas a la ceremonia sacra, sin dudas agitándose en el interior, ni con cavilaciones que interfieran la hospitalidad del verdor acolchado; en paz, sin costo alguno, se confirma una vez más que es posible sentirse, en cualquier momento, en armonía con el infinito.

El césped me dijo en voz baja: «Hay gente que sólo mira su pan. Es posible subsistir así, pero implica perderse los infinitos frutos que la mesa de la vida, siempre bien servida, ofrece sólo con levantar la vista».

Es este sentimiento de plenitud el que permite gozar de toda la Tierra como un refugio de la conciencia, donde la protección es inmediata, la beatitud opera, y la aceptación total como huésped esperado nos asegura que estamos en casa, que el Padre se complace en recibirnos.

Es la fiesta del reencuentro, en ella se nos invita a bailar felices con la belleza de lo simple.

Existen más de mil hierbas que conforman la figura botánica del césped: manzanilla, grama ancha, tomillo silvestre, camomila, trébol, treneague. El mejor césped es el más cercano, el alcanzable.

El pasto ha escuchado muchas confesiones, conoce los sueños de paseantes ociosos y de labriegos fatigados; ha leído las líneas marcadas en los numerosos pies que cruzaron descalzos su territorio rejuvenecedor.

Lleva impresas en su textura las firmas de caminantes anónimos, registra miles de talones que se posaron, con total confianza, en su territorio de paz.

La matriz de la vida humana está en la capa verde de césped que cubre la madre tierra, sin ella no respiraríamos. También en las plantas de los pies está todo el cuerpo humano. Por eso hay que pisarlo con cuidado, suspendido en el aire, intercambiando cosquillas recíprocas con los brotes tiernos.

Una hierba es cualquier planta con tallos delgados y tiernos que no desarrolla ningún tejido leñoso y que sólo vive hasta florecer. El gran jardinero humano Walt Whitman decretó que su presencia no es ni más ni menos que una jornada en la trayectoria de las estrellas.

Las características propias de un lugar se advierten, a veces, por un sabor, un perfume o un sonido. Algunos mármoles piden ser tocados, algunas piedras gustan de ser levantadas, algunos libros o periódicos emanan olores, un buen césped tienta a caminar por él, a acostarse, a acariciarlo suavemente.

Por eso no se puede confundir la elegante frescura del césped con ningún producto sintético, aunque existen simulacros de su naturalidad que intentan enfrascar y vender su delicadeza encerrándola en un producto químico de larga duración.

Hay cientos tonos de verde, inagotables campos de césped, innumerables cuentos, pero la sencillez es única, es un poder incierto, fulminante, inconfundible. Su naturalidad vitaliza, entona bien, no desafina ni cansa, pues recupera rápido su frescura de siempre, como ocurre con el entusiasmo, la alegría y la juventud.

21

SEMILLA

La potencia de una pequeña simiente es impredecible.

Nada más anónimo que su simple cuerpo. Sin embargo, su presencia es una síntesis rubricada de todo el universo.

Simboliza nuestro origen, es como un eco natural del comportamiento humano: puede ser sesgada con el menor esfuerzo, pero una sola de ellas consigue con su radícula, sin prisa, agrietar una roca.

Comenzará a echar raíces «abajo» para dar sus frutos «arriba».

En cierta ocasión, en una herboristería observé varias bolsas abiertas con distintas semillas en cautiverio; sentí el impulso de hundir mis manos en una de ellas y tomar cientos para luego dejarlas caer entre mis dedos como si fuese un tributo elemental y espontáneo a su potestad, un ritual de agradecimiento.

Al retornar a su sitio la lluvia de granos escuché este mensaje: «si quieres sembrar salud en tu organismo debes examinar tu dieta, elegir bien, masticar cuidadosamente y dar gracias por el alimento que ingieres. De esta manera se liberan los poderes curativos de la naturaleza que impiden que las enfermedades se instalen en tu cuerpo. Pero no es suficiente con ello: debes comprender que ningún ser humano vive para sí mismo sino para el bien del conjunto; tu divina heredad es el alma y ella es energía de fusión, saber de síntesis, unidad en la luz, conciencia grupal».

Se cuenta que un prisionero encontró en su húmedo calabozo, entre las páginas de un viejo libro que le había prestado un carcelero, una semilla del tamaño de una cabeza de alfiler.

Emocionado por el hallazgo de esa señal promisoria de vida, imaginó que la diminuta muestra era lo único que quedaba del reino vegetal que había conocido cuando vivía fuera de los barrotes.

Con cuidado buscó un pedazo de tierra en el único rincón de su reducido entorno, allí donde pudiera llegar un fugaz rayo de sol, y la sembró conmovido.

Con sus propias lágrimas regó su obra; luego esperó confiado que, alguna vez, surgiera de esa siembra recóndita alguna maravilla también secreta.

El milagro que él esperaba seguramente sería ignorado por la persona común, simplemente porque semejantes hechos naturales se repiten por doquier millones de veces al día.

Sin embargo, aunque todos los laboratorios del mundo, con sus reactores complejos y sus análisis electrónicos se pusieran a disposición de este jardinero cautivo, no estarían capacitados para leer el programa latente en los núcleos subatómicos de la simiente, ni podrían levantar el velo impenetrable que permitiese observar su vertiginosa transformación en una zanahoria, en una rama aromática de eneldo o en un aster de radiantes colores.

Donde está la semilla está el bosque. Y la más pequeña de ellas es capaz de moldear la planta más frondosa y alta de la foresta.

Esta gama de posibilidades que encierra la vida constituye un cuento extraordinario, propio del poder de lo simple, capaz de mantenernos asombrosamente jóvenes a través de sus sencillos y oportunos arcanos.

Y con esa paciencia que sólo conocen los presidarios llenó su celda de esperanza y de libertad.

22

ARCO IRIS

Ante su presencia, es indudable, nos visita la belleza: Dios existe. Su dignidad no se demuestra por el modo geométrico explícito sino por la clave poética implícita.

Él es luz, no puede ser atrapado por una deducción o por un pensamiento racional, está más allá de todo, en otro reino; es vacío, unidad luminosa, metanoia, «docta ignorancia», geometría sagrada: siete colores lo atestiguan.

Es una carta de amor sin destinatario, es paz para todos, un mensaje armonioso que nos vuelve más bellos, más buenos, como cuando llega un bebé a casa.

Su grandeza eleva, nos hermana con un propósito superior que no proviene del deseo de nadie; su naturaleza manifiesta un orden implícito, sin proponérselo borra las rencillas crueles de los humanos con una muestra de inteligencia sin límites; las reubica en el olvido y en el perdón.

Las pequeñas voluntades declinan sus ambiciones de poder, fugan más allá de su triste mezquindad; se escurren tras la lluvia que dio nueva vida al campo exprimido y que sumó agua abundante al sudor del labriego. Sus colores en el cielo limpio premian el esfuerzo constante y constructivo que da alimento sin fin hasta al depredador.

El arco iris es la obra de arte más espontánea; sin creador, sin manos ni lienzo, juega libre con su textura virtual, pone el toque de lo eterno irrumpiendo con su fugacidad.

Entonces es cuando el corazón encerrado en el miedo y la desconfianza se abre ante su visita inesperada, gana osadía, voluntad de bien.

El poder de lo simple nos transforma, ilumina la personalidad guerrera en combate con la ilusión y la manumisa del campo de batalla, le enseña a hacer garabatos sin escolaridad ni cuartel. «Aula» significa «corral», no es apta para sentir lo sublime que se lee desde la emoción cuando la noche está poblada de estrellas.

El valor superior del arco iris es el de no servir para nada convencionalmente útil. Su presencia inconfundible expresa que la verdad está engendrada en lo bello; el encanto de su arco extendido en el horizonte nos advierte que es fundamental levantar la mirada al cielo para no morir de vanidad. Los siete colores de su luz nos hermanan con la unidad de toda la vida.

El arco iris es una máquina de altísima complejidad que no sirve para ningún fin práctico. Es un trabajo natural de «chingodu», disciplina creativa que cultiva ejercicios de pensamiento vano para mostrar de qué manera la mente es capaz de construir extraordinarias estructuras sin utilidad práctica alguna, y de «serendipidad», actitud ante la vida para conectarse con «hallazgos valiosos imprevistos».

Es un mensaje formativo que reclama del observador sólo calidad contemplativa; es un premio perceptivo, una obra de arte gratuita que excede la capacidad de cualquier museo.

También la sonrisa de un bebé bien cuidado y la del mismo Buda son similares; simplemente agradecen, carecen de utilidad práctica. Sin embargo, en un mundo oscurecido por las tensiones del maltrato y de la violencia son indispensables señales del poder de lo simple, pasaporte para otro reino, más transparente, donde se sabe que el objetivo de la vida es el éxtasis. Necesitamos más poesía de la que el corazón está dispuesto a reconocer.

El hecho de ver es más importante que lo que se ve. «Cuando miro la cara de mis enemigos me siento orgulloso.»

No buscar más es encontrar.

En el espejo del arco iris todos nos podemos ver más jóvenes y coloridos si dejamos reposar al guerrero o a la amazona. Su mensaje es simple: «si no tienes tu corazón en paz ¿qué puedes disfrutar?».

El cuento que nos involucra en estos tiempos de incertidumbre y confusión ofrece un nuevo arco iris, señal del extraordinario poder de lo simple en un mundo caótico.

Su belleza actúa cada vez que nos desvinculamos de las complejidades propias de nuestro expansivo ego personal.

Con esta minimización ejemplar se activan las posibilidades inauditas del cerebro para salir de los estrechos límites que imponen los condicionamientos recibidos.

23

SENTARSE

Para llegar bien lejos es imprescindible primero sentarse. En algún momento corresponde borrar la pizarra.

Detenerse es una decisión importante, sentarse lo es todavía más. Es ubicarse en el cosmos para conectarse con el ahora. Implica callar, filtrar las acciones que promueve el deseo, desensillar, acampar, concentrar energía en la escucha, en lo que se dice, meditar, ir a nuestro eje, a nuestro centro, sin querer llegar a ser «alguna otra cosa», es una posibilidad extraordinaria de ingresar en el no-movimiento.

Si lo que se busca en la vida es dinero, hay que sentarse para pensar bien cómo se consigue o se utiliza; si lo que se pretende es liberarse de las posesiones que nos poseen, hay que sentarse para encontrar los correctos movimientos que manumisan.

Los más sabios textos de la India antigua se llaman «upanishads», denominación que en sánscrito equivale a «sentarse».

Confiamos en cualquier autoridad porque tenemos miedo de quedarnos solos. Buscamos protección en alguien que sospechamos más consistente. Pero una cosa es la triste soledad del aislamiento, que implica tristeza, corrupción, quebranto y división, y otra es la soledad propia del hombre libre. La sensación de «rama caída» implica quebranto, aislamiento desafortunado, un estado de corrupción con la unidad de la vida.

Un proverbio sánscrito dice que las ideas son hijas de mujeres estériles.

Tal vez por eso estemos necesitando una educación inmunizadora que nos eleve a la grandeza de lo simple. La protección está en las alturas, no en las contiendas. Toda guerra es una guerra perdida.

El gladiador que se desconoce a sí mismo es un perdedor crónico, no sabe quién es su enemigo, ignora contra quién pelea y qué quiere ganar, está combatiendo consigo mismo y no se da cuenta de ello, envejece sin renovar energías, sin obtener aprendizaje alguno.

Todas las medallas y monedas que pueda juntar en esa condición carecen de valor, son falsas. Es una tontería seguir luchando para defenderlas; a nadie interesan, son viejas, tienen la edad del garrote creado para asustar.

El llamamiento de la vida nueva pide tregua, descanso, renuncia, sentarse. Rejuvenecer en la alegría.

24

FUEGO

No puede permanecer en estado de inmovilidad. Su presencia es universal, cósmica, inconfundible, manifiesta el poder externo de la luz.

Cada llama tiene su propio lenguaje, pero el idioma del corazón es uno sólo, es ardor, se lo conoce como fuego, es amor.

La crueldad, en cambio, es la muerte del corazón, y se pueden considerar como secos los pechos que, oscuros y fríos, llenan el mundo de ruinas y cicatrices morales.

El primer fuego interno lo enciende la alegría, es un bautismo ardiente; y radiante.

Nunca puede confundirse con el humo, pues calienta, alumbra, se eleva. La humareda, por el contrario, no abriga, ni alumbra, ni deja ver.

El fuego protege, el fogón convoca, integra, llama al cuento y a la canción, tiene sabor a amistad, a búsqueda compartida; contiene, abre diálogos y confesiones insospechadas, ahuyenta a los fantasmas, a las fieras del bosque y de la estepa; cocina nuestros alimentos.

Si dejas de cultivar la poética del fuego te ciegas al lado creativo y sacro de la vida, tu corazón se llena de humo y de años. El fuego purifica la memoria.

Cuando le preguntaron a Salvador Dalí qué obra de arte salvaría en primera instancia de un incendio en el museo, respondió seguro: el fuego.

Donde no está su calor, no hay pasión ni entusiasmo. El fuego quema todo lo que no es fuego.

El orden estatal, cuando quiere establecerse por el frío de la fuerza bruta, sólo puede generar anarquía; lo que se impone con violencia debe luego defenderse con rudeza; el autoritarismo genera desorden, «el que a hierro mata, a hierro muere».

En cierta ocasión, en un consejo de gobierno, un dictador pidió que se le trajera el Libro de las Leyes. En el ejemplar apareció un pequeño escorpión. La reunión fue interrumpida de inmediato por la aparición de la venenosa y temida criatura, hasta que los sirvientes la mataron.

El gobernante, entonces, señaló con alta didáctica: «Vean ustedes, el más diminuto bicho puede suspender un juzgamiento que sólo toma en cuenta las leyes del Estado. En cambio, a mí no se me discute».

Si un hombre es un excelente colocador de mosaicos y se le reclama para salvar la vida de un niño en peligro, ¿le corresponde hacerlo aunque ello no sea pertinente a su oficio?

Jesús sanó a un enfermo grave un día de guardar y fue observado por su imprudencia por algunos hipócritas enjuiciadores. Por suerte, no hay sólo mosaicos ni necesitados en el mundo, también hay corazones que se extienden por doquier como fuegos sin pedir permiso ni respetar fronteras ni razas.

Un corazón encendido se percibe, atrae, mueve montañas. Al yoga que lo cultiva, en la India lo llaman «agni», fuego; o «bakthi», unidad mística en el amor.

La juventud expresa calor, capacidad de proyectos, sueños fuertes. Su fuego rejuvenece por cercanía.

25

DOMA

Dice la sabiduría del gaucho: «hasta la hacienda baguala cae al jagüel con la seca». El rigor de la sed hace ceder al más bravío, por lo tanto el castigo somete, disciplina, uniforma, anula diferencias de brillo o estilo.

¿Por qué muchas personas que asumen las faenas del campo odian a los animales de los que viven? ¿Por qué razón secreta los maltratan, son crueles con ellos?

Nuestros hermanos menores soportan martirios en silencio, cuando no ensordecen a todos con alaridos de sufrimiento, sin poder llegar nunca a comprender, en ningún caso, qué es lo que los hombres esperan de ellos. Algunos consideran que existen animales ariscos desde su nacimiento; por consiguiente, deben ser llevados temprano al matadero, por incorregibles.

Pero es un hecho de la realidad que el animal responde al trato. Donde con más evidencia se exhibe la crueldad es en la doma, aunque existan métodos para adiestrar sin castigo. Se trata de practicar una aproximación al animal de manera personal, lenta, cuidada, día a día, hablando, ofreciendo azúcar o sal, una caricia o un silbido, nunca un latigazo.

La tortura es muy difícil de superar para la víctima, cualquiera que padeció un proceso infernal de domesticación requiere una recuperación con cuidados especiales. También debería existir alguna terapia para los victimarios, porque son seres moralmente automutilados, que viven desconectados de lo natural, que están peligrosamente perdidos.

Los animales no se olvidan de los malos tratos recibidos. Al pasar cerca del palenque, una yegua alazana briosa, de manera inesperada, se encabritó furiosa. Hacía muchos años había sido golpeada en ese lugar y, muy molesta, respondía con furia a las palizas recibidas como si las actualizase.

«Recuerda siempre, Enrique –me decía un buen cuidador–, que los caballos no tienen manos para rascarse, les gusta mucho que los acaricien. Hay que palmearlos.»

En la medicina tradicional china existen algunos movimientos muy simples para armonizar la energía. Uno de ellos habla, de manera simbólica, de «acariciar las crines del caballo salvaje», de aquietar las furias, autoserenándose.

El primero de los doce trabajos que se le encomendaron al poderoso Hércules fue el de domar a las «veinte mil yeguas» que subyugaban a los seres humanos. Ellas representan el carácter indómito de los pensamientos en la mente. No fue tarea fácil para el héroe legendario lograr que su misión resultara exitosa, y padeció fracasos por exceso de confianza.

Enfrentarse con la energía mental, adolescente y bravía, que lo esperaba en los dominios de Marte, no era una tarea subestimable; exigía concentración, atención directa y total acabamiento.

Una noticia periodística asombró, hace poco, a los lectores atentos. Una colonia de elefantes se rebeló de improviso contra una población campesina. Los paquidermos habían sido maltratados por los pobladores hacía mucho, pero los memoriosos animales, al pasar por la comarca, destruyeron a trompetazos, pisotones y rugidos tanto a los aldeanos como sus construcciones. En términos humanos, podría interpretarse que querían hacer justicia a través de sus propias prolongaciones.

Nunca había ocurrido un hecho similar en la región, aunque una conocida obra literaria, llevada al cine con el singular título *La senda de los elefantes*, documenta un episodio nemónico justiciero similar.

El cerdo es un animal limpio si se lo mantiene en ambientes higiénicos, en corrales cuidados. El perro siempre atado, en cambio, se vuelve feroz cuando consigue andar suelto.

Si la carne que consume una población tiene antecedentes de mucho dolor y maltrato, su ingesta debe de contaminar psíquicamente, pues el padecimiento se transmite a los tejidos, aunque quienes los ingieran, en algunas de sus diferentes presentaciones culinarias, los disfruten gustosos e inconscientes. Salvo que soñemos que es un sueño que se come a otro sueño que soñó que sufrió y que escribamos luego un cuento sobre las proteínas.

Es un hecho simple de observación que los animales están muy atentos a los sentimientos de las personas que los tratan. Si éstas utilizan las ocurrencias y las maldades de su superioridad intelectual y de su inferioridad moral para imponerles un trato cruel, alteran un orden natural por pura ignorancia.

Destruir la vida que no se puede reponer, zaherirla, es una muestra irreparable de ingratitud, propia de un corazón seco, opresor. En el matarife gratuito opera un Saturno arquetípico, inmemorial, comiéndose a sus propios hijos.

La insensibilidad nos hace envejecer mal, sufrimos y hacemos sufrir. Lo que el mercado oficial no da, lo ofrece el mercado negro. A veces nos han domado las privaciones, otras los excesos.

En todos estos casos brota la plaga del miedo y de la grosería, la alegría se eclipsa, invade la desconexión con nuestra usina de base, con lo simple.

Un caballo bien cuidado se percibe en su pelaje y en su fidelidad.

Un cuidador de ponis vendía por la mañana a buen precio sus hermosos ejemplares a los turistas, que con ellos frecuentaban la campiña para felicidad de sus niños. Pero a la madrugada, este pícaro vendedor silbaba fuerte y todos sus animales regresaban donde él se encontraba.

Si un animal doméstico es tuyo, lo puedes dejar tranquilo en libertad.

26

ATARDECER

Es la cita de la reflexión y de la nostalgia en la larga jornada.

Las despedidas del sol tienen algo de balance crítico, son pequeñas muertes. A veces se siente en ellas la sensación de carencia, pareciera que alguien ordenase en algún pliegue de nuestro cerebro que hay que completar, con rapidez, una columna obligada de realizaciones pendientes.

Cuando se insinúa en el horizonte, es como si se suspendiese el ahora para mostrar todo su valor. Ante tamaña decadencia, todos los poetas lloran sus penas de amor.

Sin embargo, para el observador receptivo a la grandeza del momento, el crepúsculo siempre conmueve con su elocuencia. El generoso alcance de su mensaje suele expresar, a algunos espíritus simples: «¡bien hecho!».

En otros casos, el éxito es como la culminación de la mediocridad y de la autocomplacencia. Para algunos, el atardecer es óptimo para desprenderse de las monedas falsas que solemos atesorar durante el día. Sólo aquel que muere en cada jornada está más allá de la muerte, renace al amor, al poder de lo simple.

Es correcto poseer una casa, una habitación o una familia, pero nunca deberíamos permitir que se convierta en un escondite, en un escape de nosotros mismos, pues se trata de estar abiertos a la vida de instante en instante, como los lirios del campo, como la desnudez de la rosa.

El amor no se adapta jamás, ni declina, a lo sumo se eclipsa; siempre está ahí, cercano, fresco, inaugural, oportuno, potente, rejuvenecedor.

Cuando estás descontento no es porque deseas algo, sino porque no sabes qué es lo que deseas. Deja fluir en paz el atardecer en tu día y, con él, toda la confusión de los deseos. Entonces una alborada inmensa te permitirá gozar de todo y de nada.

Nada, absolutamente nada, puede hacerte feliz.

El atardecer opera como un vacío, está lleno de posibilidades creadoras. Sabemos que cuando declina el sol aparecen, pacientes, las estrellas. Nunca se habían alejado.

Cuando declina el ego imperial, despierta una aurora sin pasado.

Entonces, el silencio que acompaña a la contemplación del ocaso permite escuchar los siete nombres de la luz: alegría, conciencia, gratitud, libertad, renacimiento, paz y servicio.

27

SOMBRA

Si la persigues, se escapa; si la abandonas, te sigue. Así es de caprichosa, libre, movediza.

En verano es una bendición, un puerto seguro, protege de inmediato sin discursos. Ninguna arquitectura humana supera los beneficios de su simpleza.

Hospitalaria en el implacable sol de verano, inigualable para la siesta protegida, fresca y sanadora, está ahí, generosa, en el momento justo; pide nuestra compañía, se alegra con ella, se hermosea cuando la visitan.

No pueden competir con ella ni los aparatos de aire acondicionado ni la más complicada invención de la NASA. Su naturalidad conmueve. Se descubre rápido si una persona tiene buena sombra o no.

En determinadas circunstancias parece que tenga una misión protectora, como un oasis en el desierto ofreciendo albergue. En otras, exhibe la virtud de la compasión: tomo tu calor, te doy mi fresco. Es una presencia angelical en el calor implacable.

Cada vez más necesitamos oasis de sombra en el desierto de nuestra vida de relación. Ella nos enseña que no puede haber inteligencia sin la sensibilidad despierta a la compasión.

Cada uno es para sí mismo su propia sombra, aunque no tengamos la costumbre de visitarla o de mirarla. Quienquiera que observe en su propio interior conocerá la existencia de pensamientos y sentimientos-sombra.

Los aspectos-sombra de nuestra vida nos impulsan a aventuras que nunca hubiésemos imaginado, generan vínculos que marcan nuestra personalidad y que también afectan a los otros, generan proyectos que comprometen todas nuestras energías y las de los demás. Es común que desconozcamos el origen sombrío que afecta a nuestras relaciones interpersonales.

Existen personas cuyas presencias derraman luz como el sol, otras proyectan efluvios umbríos.

Alguien puede elegir sentarse en la parte iluminada por el sol directo o refugiarse en la buena sombra de un árbol frondoso. Son opciones vitales.

El privilegio de una vida es ser quien uno es, con sus luces y sus sombras.

El asumirse totalmente implica tal compromiso con la propia existencia que abre un camino directo a la sinceridad, a la vitalidad, a un baño de luz espontánea y simple.

28

LIBÉLULA

De brillante y variados colores, con cuatro alas membranosas, vive cerca de los ríos, como si recordase siempre su etapa larvaria, cuando fue acuática. También se la conoce como «caballito del diablo», y cumple el servicio de devorar parásitos y plagas.

La Anax junios *es una de las de mayor tamaño y, también, de las más rápidas; puede alcanzar una velocidad de 85 kilómetros por hora.*

Algunos observadores estiman que son animalitos exhibicionistas, tan pequeños y con tanto ego. Saben de su elegancia y ligereza. En catalán se la conoce como espiadimonis.

Además, su nombre bautiza una postura de interacción sexual. Así consta en el experimentado Kamasutra*: el entrecruzamiento de brazos y piernas exige a los protagonistas cierta acrobacia íntima muy placentera. No es fácil tamaño ejercicio con cuatro alas, y en ritmo conjunto.*

Se dice que una vez, cuando el viento quiso convertirse en un pájaro diminuto y silvestre, eligió la forma de un ente volador sutil, de alas transparentes, liviano y flexible, veloz y bello, e inventó la libélula. Para las mujeres es el símbolo de la originalidad, gracia que posee todo cuerpo joven y volátil.

La libélula celebra la presencia del buen humor, del júbilo natural, expansivo, propio del corazón abierto a la riqueza de la vida; rechaza la hilaridad histérica que deviene en agobio, fatiga y vulgaridad. De ahí su mesura, su primorosa delicadeza, su ubicación sutil en el universo, su originalidad. Pareciera indicarnos las rutas del vuelo alegre: querer, saber, osar y callar.

29

PUNTUALIDAD

Representa la modestia y elegancia que caracterizan al poder de lo simple.

En esta sociedad de maltrato, es una expresión infrecuente de cortesía, es el ceremonial que corresponde a un pacto entre caballeros o damas honorables.

Es una exteriorización de respeto por el propio tiempo y por el de los otros; es una forma de manifestar aprecio a una persona o a un público convocado; es una muestra de interés por los valores del encuentro convenido, un cuidado por los vínculos que lo sostienen.

Las excusas no convencen; todos los intentos de explicar las razones de nuestra demora no satisfacen.

No es conveniente llegar tarde; un simple hecho de la observación práctica lo demuestra. La persona que aguarda por nuestra demora comienza a pensar de nosotros lo peor, aprovecha ese lapso molesto para hacer un inventario de todos nuestros defectos, recuerda con minucia nuestros peores antecedentes desde el momento mismo en que nos conocieron.

Aunque uno quiera mucho a quien está aguardando, no puede evitar esa reacción espontánea. La propia imaginación se dinamiza sin esperar, nos hace sentir como seres desvalorizados, olvidados o negados, y entonces comienzan a producirse, de manera involuntaria, fantasías negativas sobre el ausente, o bien supuestas tragedias insalvables que impedirían, por castigo del cielo, el encuentro programado.

Por suerte, cuando se presenta la persona o la situación demorada borramos este ejercicio involuntario de venganza y destrucción y comenzamos a disfrutar de la alegría del reencuentro.

El deseo de cumplimiento no puede constituirse en argumento suficiente para adoptar una actitud obsesiva, controladora del paso de los segundos, de tal manera que cada cita se transforma en un cálculo minucioso de movimientos, orientados todos a no fallar de ninguna manera.

Es evidente que diez minutos antes no tienen el mismo gusto que diez minutos después. Uno puede aprovechar el adelanto de múltiples formas: conectarse consigo mismo, meditar, organizar sus movimientos, distenderse.

En nuestra cultura ciudadana solemos «perder el autobús», el tren, el avión, el barco, la oportunidad. Llegamos tarde a todo, con cara de confundidos, gastados de tensiones, con el cinismo protector de ser gente «muy ocupada».

Las golondrinas llegan a horario a San Francisco, lo mismo las mareas y la luna llena, sin relojes ni agendas.

En este mismo instante puedes llegar a hora a una cita convenida que te debes.

Es contigo mismo, el encuentro es con tu base, con tu fuente interna de juventud; te está esperando, ahí, donde te encuentras, ahora.

30

FATIGA

No debe confundirse con la pereza ni con la desconexión.

Aunque uno ame mucho una tarea y consagre sus mejores energías personales a ella, hay momentos en que aparece la necesidad natural de descanso.

Es una señal sana, una buena indicación de que no se está actuando en la vida de manera compulsiva. Es indicio de que deben renovarse energías en un tiempo de distensión, de sueño profundo, de tomar distancia, de recreo.

Recuerdo que una noche, al dejar el hospital, un viejo amigo y reconocido médico que atendía con vocación a muchos pacientes en su consulta diaria, me dijo:

–Enrique, debo tomarme un descanso. Hoy le puse la oreja en la espalda a una paciente y dije: «Hola, ¿quién habla?».

Varios profesores titulares se han quedado dormidos mientras presidían prolongadas mesas examinadoras. Es frecuente que la prensa publique algún rostro fatigado, completamente ausente, en los congresos internacionales.

Para la mayoría de los alumnos la actividad más importante de la escuela es el recreo.

Uno puede querer mucho a familiares y a amigos pero también, a veces, sentir el deseo imperioso de pedirles que hagan algún viajecito, aunque no sea más que una vuelta a la manzana.

Un buen jefe sabe hacer descansar a las personas que están bajo su influencia, inscribiéndose en algún congreso de su especialidad.

Cuando las energías se gastan con agrado en actividades productivas, la fatiga anuncia la necesidad de una reposición natural de fuerzas, del oportuno sueño, descanso o distensión que permitirá recuperar con rapidez el impulso degradado.

Pero si el cansancio viene de rutinas tediosas y carentes de satisfacción interna, se apega de tal manera a nuestro cuerpo la fatiga que no alcanzamos a reponer energías ni aún durmiendo; al contrario, despertamos más cansados, agotados.

Para no envejecer es fundamental comprometernos con actividades creativas, con climas alegres de convivencia y de producción o aprendizaje, y comprender que nuestro único jefe debe ser la constante búsqueda de excelencia en lo que realizamos, para nuestra propia satisfacción. Una vida creativa desconoce la fatiga y la vejez, es entusiasta y expansiva, anima a otros.

En uno de los tantos hospitales faltos de recursos que conozco en Buenos Aires, la enfermera nocturna, fatigada, abrazaba un tubo de oxígeno con la intención de acercarlo a la cama de un gerente.

El paciente, ubicado en la sala de terapia intermedia, recuperado fugazmente de su grave estado y sin perder el humor ni la picardía preguntó:

–¿Vas a hacer el baile de la barra?

La mujer celebró la ocurrencia con una carcajada, ya un poco menos cansada.

31

ENTREGA

La vida se sostiene a través de pequeños actos de entrega.

Exhalar, vaciar de aire los pulmones, es un movimiento simple que realizamos con plena confianza a diario, convencidos de que la inmediata recuperación de oxígeno no fallará.

Resulta problemático cuando en el laboratorio, para realizar un análisis, nos piden una micción en un recipiente. El mismo pensamiento que da la orden, da el permiso para hacerlo. Podemos sentir las cosquillas que otros nos hacen, pero si las intentamos producir nosotros mismos carecen de efecto, el cerebro anula las risas habituales. Podemos caer en sueño profundo sólo si entregamos al mismo todo nuestro ser.

Por eso resulta difícil salir de la frigidez o de la impotencia, porque cuando uno busca un resultado, el pensamiento opera como un fiscalizador de rendimientos.

Lo simple consiste en fluir; acostarse con naturalidad y ver qué ocurre, sin ninguna expectativa, en un sistema que tiene millones de años de ajuste evolutivo. Si buscamos alcanzar una actuación especial o pensamos en la calidad de determinado estimulante, sortilegio o feromona sintética, se pierde el poder de la sencillez, de lo natural.

Si endurecemos el cuerpo en el agua, nos hundimos; si nos entregamos distendidos como para hundirnos, flotamos.

Hay veces en que es necesario entregar, en paz, la derrota al vencedor, para que otro se haga cargo del karma del triunfo.

Los autores más exigentes suelen entregar sus obras como concluidas; lo hacen para que el proceso de creación prolongada no los enloquezca, ni a ellos ni a quienes los rodean.

La entrega es como la siembra, siempre gozosa, confía en que tras ella seguirá una justa cosecha.

Es llamativo cómo la humanidad entrega toda su confianza a esos papelitos circulantes, de colores, con sellos y firmas, que consideramos el efectivo planetario. Su pretendido valor, contante y sonante, fundamenta el mundo de los negocios y de la convivencia.

El efectivo, siempre escaso, siempre en pocas manos, complica, confunde y pervierte las infinitas posibilidades de abundancia que ofrece la vida; la reduce a los límites de una supervivencia miserable, desconectada del amor.

La ilusión dorada del dinero, transformada en la única meta valedera, poderosa, visible, constante, palpable, material, concreta, acumulable, pretende anular el poder para convertir la aventura de la conciencia en una grotesca pesadilla sin posibilidad alguna de buen final. La búsqueda desesperada de dinero es el peor de los fundamentalismos imaginables: la gente mata y se mata por figuritas de supuesto valor. La entrega del alma al «vellocino de oro» nos transforma en mendigos, cuando podríamos ser millonarios.

Creemos que todas nuestras ilusiones son reales; nos entregamos a la vida como peces sumergidos que observan minuciosamente, con los ojos abiertos, todo lo que los rodea, menos el simple hecho que escapa a su condición: que están bajo el agua.

Conocer los secretos de la sencillez y entregarse al poder de lo simple nos permite ampliar nuestra percepción. Nos desencanta de algunos cuentos, nos encanta con otros y nos mantiene agradecidos de nuestro destino y de fluir, confiados, en todos los niveles de la aventura de la conciencia.

32

VOLUNTAD

Es una manifestación comprometida de querer, de dar dirección a todas las energías personales para alcanzar un objetivo, una meta, un propósito que se estima valioso para la propia vida.

En su expresión espiritual más elevada toma la forma de un anhelo. Es una aspiración superior, no un simple deseo superficial y volátil. La voluntad otorga a nuestras vidas un carácter, un estilo firme de llevar adelante nuestras decisiones.

La falta de voluntad llama a la depresión; la abulia es una desconexión general, una flojera antiestética, un desinterés debilitante.

La educación de la voluntad no se ha trabajado. Por el contrario, parece subestimarse, confundirse con una imposición u obligación externa.

Cuando no opera en nuestras vidas el poder de una vocación es muy fácil que aparezca la motivación por el poder, la búsqueda despiadada del mando, del cargo, de la figuración externa destacada.

En cambio, la buena voluntad es el polo ético de nuestras acciones, es la expresión más simple de la calidad de nuestros intentos. El poder que mueve una buena voluntad es enorme, mágico, inagotable.

Cuando el conocimiento es superficial, el sentimiento duerme profundamente; pero cuando el conocimiento se vuelve profundo, de inmediato toma al sentimiento como compañero y se hace pasión. Cuando surge en nuestro interior esta concentración de energía, la voluntad se mueve firme en esa dirección. La pasión compromete todas nuestras interrelaciones, genera entusiasmo, nos pone magnéticos.

La nueva era de la simplicidad alentará a mejorar la vida en cualquier lugar en que uno se encuentre. Para ello es indispensable la buena voluntad, pues ésta evita que se eclipse el poder del alma. Cuando esto último ocurre, los seres humanos se introducen en el materialismo, omiten los valores superiores de la vida, fomentan el egoísmo, erigen barreras para impedir el establecimiento de rectas relaciones y nutren el espíritu de separación y temor colectivo.

Nuestra verdadera tarea es permanecer en el ser espiritual, porque ello impide caer precipitados en las psicosis del temor, donde la ansiedad, la intranquilidad y el desamparo abruman al buscador desorientado. Cultivar la alegría fortalece. Y también la meditación, diaria, breve, tantas veces al día como se pueda.

Hoy el campo de batalla se ha extendido, está hecho de más y mejores ilusiones; pero también son mayores las oportunidades y las señales que nos invitan a salir del engaño organizado.

La oración que se escucha en algunos monasterios dice: «Señor, libera a todos aquellos que se han entregado, abúlicos, a la cárcel de las adicciones, de las drogas y el alcohol. Libéralos con tu conocimiento infinito, despierta en ellos su voluntad de ser y embriágalos definitivamente con tu amor».

33

CUENTO

Lo que el mercado oficial, realista y racional no ofrece, lo brinda generoso el mercado negro de la imaginación. Donde más fuerte se siente el anhelo de libertad –y se sueña con ella– es en la prisión.

Si le damos un tiempo y un espacio a la imaginación, creará de inmediato un mundo viviente, lo poblará de personas y de animales, de paisajes y de climas, de héroes justicieros y de cobardes escurridizos.

«Érase una vez, en una comarca cercana al río...» y el cuento se propagará de boca en boca, trascenderá la época y el lugar de origen, sobrevivirá al tiempo y la tierra donde se originó, se contará en otras lenguas, ilustrará otras culturas, los personajes tomarán otros bautismos, prevalecerán las perdices que alimentan la felicidad de los que se aman, o los triunfadores crueles y tristes a quienes el odio les impide disfrutar de sus victorias injustas.

La alegoría no es más que una metáfora continuada que habla de una realidad conocida como si ésta fuese otra cosa; pero existe en la búsqueda del conocimiento un momento excepcional cuando comienza a operar una síntesis superior: tanto lo que se considera objetividad pura como todas las representaciones simbólicas que la traducen se transforman en meras ilusiones, es decir, en puro cuento.

En la tradición científica la imaginación ha sido descalificada como contraria a la verdad, por sus contenidos irreverentes que repugnan a la razón, y no son otra cosa más que bellas pompas de jabón que, aunque gusten, desaparecen pronto.

Este planteo superficial ignora que basta conocer el alma de un cuento para comprender el misterio de la vida. Por eso cualquier hecho de la realidad es suficiente para inspirar una historia aleccionadora. Si se siguiesen con profundidad las huellas de cada creación, se descubriría que ésta remite siempre a la real identidad del narrador, a su verdadero ser, a su conciencia.

El cuento abre el mundo de los sueños y de las posibilidades; es una tarea de amigos que celebran un reencuentro, inaugura o cierra una clase, alegra una sobremesa, remite a un elogio, a una declaración o a una crítica. Su estructura es simple, su calidez es intimista y confidencial, se celebra con una clara carcajada.

¡Es tan bueno reír juntos! En esta alegría compartida se perciben con claridad los secretos de la sencillez, el poder de lo simple, la gracia de jugar, de quebrar un orden, de decir cosas sabias con irracionalidades muy prácticas y funcionales.

Instalarse en la magia de la fantasía es hacer turismo de calidad sin gasto, aduanas ni pasaportes. Es ampliar el barrio, la caja mental de la rutina, el libreto repetido con el que decimos que todo ya está visto.

En grupos de pacientes que se reúnen para escuchar historias de humor, lícito o profano, se consigue generar el maravilloso fenómeno social de reír juntos. En ese clima de interacción muchos tumores decrecen, sencillamente, porque ha aumentado la alegría, porque cambia el ánimo, porque los protagonistas se disponen a vivir con su diagnóstico, no a morir de él.

Hay tres hechos acerca de la mirada del amor que me parece oportuno recordar por la sabiduría que expresan acerca del poder de lo simple en situaciones distintas.

En Alemania, en la ciudad de Colonia, se levanta una catedral imponente, de increíble belleza. Se cuenta que un día alguien visitó el sacro edificio y ante tanta belleza sintió el deseo de elevarse, de llegar al punto más alto de la construcción para contemplar todo lo más cerca posible del cielo; hasta fue necesario conseguir un permiso especial del hermano hospedero para subir por las escalinatas internas hasta llegar al mirador ubicado en la cima de una de las dos torres.

Una vez allí, el personaje se sorprendió de encontrar trabajando a un picapedrero que, con el mayor esmero, cincelaba, en total soledad, una diminuta flor en una piedra casi escondida.

Al verlo tan ensimismado en la terminación de un

detalle tan minúsculo no pudo reprimir la necesidad de advertirle:

–Buen hombre, ¿por qué tanto esfuerzo si nadie está viendo su obra ni nadie tampoco la apreciará jamás?

El artista, sin perder concentración ni abandonar su labor, sin otra retribución más que la alegría de vivir consagrado a su vocación, se limitó a contestar imperturbable:

«Dios lo ve y yo también. Ambos estamos gozando con la perfección que debo brindar a esta ofrenda.»

Así termina esta simple historia que da comienzo a múltiples reflexiones en una reunión de amigos.

Otra anécdota cuenta que un pequeño se encontraba muy inquieto porque sus padres no estaban en casa, aunque otras personas estaban cerca de él acompañándolo.

Se sentía molesto con sus juegos habituales, no le atraían, lloriqueaba. Cuando unas horas más tarde sus padres regresaron, muy fatigados, sin ganas de hablar, se sentaron en el sofá con la intención de descansar unos minutos.

De inmediato el pequeño se alegró, sacó sus juguetes y nuevamente comenzó a entretenerse y a canturrear; se puso a retozar en el suelo de madera, sin ninguna inquietud. Ahora no necesitaba nada especial, estaba contenido por la mirada de sus padres. Ya que la presencia de unos ojos de amor protege, de la misma manera que, al picapedrero, la sola compañía de su conciencia le hacía ver a Dios contemplándolo. No necesitaba más premio.

Un tercer relato que proporciona valiosos estímulos de meditación habla de un peregrino sabio que caminaba con un monje por las serranías cuando los sorprendió una tempestad de nieve. De pronto observaron que otro viandante, que se cruzó con ellos, resbaló y cayó unos cuantos metros hasta quedar atascado entre piedras, arbustos y nieve. El hombre sabio, de manera espontánea y a pesar del frío reinante, o tal vez por eso, dijo desde su corazón: «Hermano, tenemos que ir y ayudarle».

El cenobita contestó con prontitud: «Nadie nos puede exigir que ayudemos a este pobre desgraciado porque nosotros mismos estamos en peligro. Si nos quedamos aquí, también moriremos con él». Replicó el servidor: «Si tengo que morir, quiero que sea aquí, ayudando». El religioso no prestó más atención y continuó veloz su camino recordándole a su acompañante que Dios premia también la obediencia.

El peregrino, entonces, bajó la cuesta empinada hasta llegar al lugar donde se encontraba el accidentado y, con mucho esfuerzo, lo cargó sobre sus hombros para conducirlo hasta arriba. Este esfuerzo tremendo le dio tanto calor que transpiró y, con la misma temperatura de su cuerpo, pudo abrigar al accidentado, que peligraba más por la helada que por la caída.

Más tarde, siguiendo por el sendero de rutina encontraron al monje, semisepultado en la nieve. Cansado, se había echado al suelo y había fallecido por congelación.

El sabio había querido salvar a un hombre pero en realidad se salvó a sí mismo. Hay miradas de amor tan solidarias que dan calor.

El amor al amigo es algo muy especial, es una unión del sí mismo de uno que se prolonga con el sí mismo del otro.

Todos hemos experimentado alguna vez que cuando amamos a alguien se nos calienta el corazón. Con el corazón frío uno muere; en cambio, con el corazón amante uno vive el fuego de la felicidad.

Si queremos vivir debemos dar y recibir amor. El que ama vive y no muere. No hay cuento más hermoso. Así de simple.

34

OLVIDO

El mayor atributo divino es el olvido.

Si no alcanzamos a purificar nuestra memoria, los recuerdos bloquearán cualquier ingreso de nueva energía y envejeceremos con rapidez, sin conexión alguna con las oportunidades creativas del ahora.

Si caemos en la tendencia a momificar situaciones, fotografías, frases hechas, imágenes deformadas, heridas, historias más soñadas que reales, sueños secos y afectos congelados, construimos una red residual con tantos archivos confusos que desembocamos en la cárcel mental del pasado incorregible, en vez de inventar un presente y un futuro corregido.

Todos los seres queridos que hemos perdido, sin excepción, donde se encuentren, nos están diciendo: «Olvídanos; estamos muy bien, vive tu presente con total intensidad, aprovecha cada una de las ocasiones de elevación, no llores por mí, no justifiques tu envejecimiento con mi ausencia, no confundas tu inmovilidad con fortaleza».

El pasado es inmejorable, no puede ser corregido. Inaugura el presente con lo mejor de ti, ahora.

El odio es mal consejero, también el orgullo; conviene olvidar para fortalecerse.

La culpa no es fecunda y el fracaso jamás impide el éxito. Por lo tanto, hay una inteligencia operativa en el aprender de las experiencias vividas y, a la vez, olvidarlas.

Existen frustraciones originadas por el peso de los recuerdos que no nos permiten hacer lo que queremos y nos impulsan a hacer lo que no queremos. Así, somos prisioneros de cicatrices de algún daño anterior que nos impiden tomar decisiones creativas y nos detienen, envejecidos, en las redes del sufrimiento inútil.

La sustancia del pasado no es otra cosa más que pasado. ¿Cómo tamaña irrealidad puede complicar las potencialidades actuales que alberga el *ahora*? El olvido resulta liberador de ilusiones y de espejismos. Es un movimiento simple que acompaña al despertar de la conciencia.

Es imposible volver al día de ayer, simplemente porque ya somos personas muy diferentes de las que éramos ayer.

En cierta ocasión, después de brindar una de sus habituales charlas, se acercó a Krishnamurti un hombre mayor, humilde y respetuoso que le dijo:

–Señor, quiero presentarme. Yo he sido preceptor cuando usted concurría a la escuela primaria. Varias veces lo dejé en penitencia encerrándolo en un balcón.

Hoy, al escucharlo y reconocer su estatura espiritual, siento vergüenza por lo que le hice a usted en su niñez. Me acerco ahora, emocionado, para pedirle que me perdone por todos los sufrimientos inútiles que le produje creyendo que hacía lo correcto.

Krishnamurti lo escuchó con atención, sintió el dolor y la autenticidad de este buen hombre y le respondió con dulzura:

–Señor, yo he olvidado totalmente mi niñez, no recuerdo nada de lo que me cuenta. Lamento muchísimo que a usted algo de mi pasado le haya hecho sufrir durante tantos años, algo que para mí nunca existió. Lo lamento mucho por usted; cuánto debe de haber sufrido.

Sólo un diluvio de misericordia y generosidad puede rehabilitar moralmente a la humanidad con un baño transformador que permita el olvido. Si no purificamos la memoria, actuamos como teléfonos que reciben y envían muchas comunicaciones equivocadas de corta y larga distancia.

La humanidad busca a escala planetaria su unidad; el crecimiento demográfico se acelera. Las nuevas generaciones quieren vivir sus vidas y existen entre las edades tempranas murallas y abismos de recuerdos y tecnologías.

Los secretos de la sencillez señalan la importancia medular del olvido para rejuvenecer. En siete años renovamos todo nuestro capital celular, en cada minuto desparecen millones de microorganismos de nuestro cuerpo para recibir otros nuevos, siempre en un equilibrio inestable, cambiante.

Cuando la mente y el corazón logran vaciarse de los fantasmas del pasado, perciben de inmediato alguna señal de renacimiento. Cada instante viene entonces con una propuesta inaugural de vida más abundante, un tránsito simple capaz de transformarnos de mendigos en millonarios.

El único método adecuado es aquel que compromete a la persona toda, a su humanidad implícita, es decir, que actúa con el poder del alma, instalando en ella el poder de lo simple.

35

PERDÓN

La sencillez es el modo en que crece la influencia del alma sobre nuestra persona, condición óptima para conducir nuestra propia empresa personal, sin apuro alguno, pero tampoco sin pérdida de tiempo.

Cuanto más nos vaciamos de lo que no somos, más posibilidades existen de que nuestras decisiones en la vida ganen transparencia, dirección libre de mandatos externos.

Esta apertura higiénica del corazón y de la mente se traducen de inmediato en obras concretas de responsabilidad silenciosa, con beneficios individuales y de conjunto, más por la decisión de ser que por la compulsión de hacer.

Para fines tan elevados, debemos tener presente que, por un orden superior, hemos recibido, sin excepción, tres diamantes numinosos:

1) *El brillo de la lucidez en la existencia. Es decir, el premio de ser humanos, testimonios de la realidad, conciencia que se da cuenta de sí misma.*
2) *El anhelo inconfundible de un destino superior, aspira-*

ción resplandeciente a vivir liberados, alguna vez, del sufrimiento inútil y de la ignorancia.

3) *La guía interna de un sabio amoroso, que en los momentos de máxima confusión y oscuridad nos señala, con voz inconfundible, la morada de luz que nos pertenece: «Tú eres Aquello».*

Para llegar a conocer los tesoros de nuestro verdadero ser debemos asumir una decisión muy especial, de alto compromiso, como la que asumen los maestros poceros cuando se deciden a tantear un terreno árido en busca de un caudal de agua pura.

Comienzan por extraer polvo y piedras en sus primeros movimientos superficiales, luego cavan más hondo y vuelcan fuera el contenido de la pala: lo descartan con gran seguridad por inapropiado. Sólo saben que lo que encuentran no es lo que buscan, aunque cada maniobra venga bien cargada, con un aparente rédito.

No celebran obtener lo que no buscan descubrir, están bien orientados, porque lo que realmente desean encontrar no tiene relación alguna ni con la cantidad ni con el peso vano de cada extracción. Por eso tiran todo lo que obtienen, lo hacen a un lado, lo descartan y prosiguen, firmes, aunque desconozcan dónde está exactamente el bien amado.

Trabajan animosos, sin saber si llegarán al preciado objetivo.

Como lo que emerge no es el agua anhelada, no pueden confundir los resultados. Siguen avanzando en el misterio, continúan firmes en su propósito superior. No les importa que el esfuerzo se traduzca en tierra seca o cascote. Continúan amando su trabajo y le quitan méritos a sus supuestos logros, valoran su especial destino, mantienen la fe propia de todos los buscadores genuinos de fuentes de vida.

Y vuelven a desprenderse de todo lo que obtienen, aunque con sus destrezas les broten fáciles las rocas inertes. No se desalientan, el premio no está en lo que encuentran, sino en lo que aún ignoran.

Nuestro verdadero ser, el agua que salva, es lo que no sabemos.

Debemos amar y respetar la grandeza de lo que desconocemos, hablar sólo de ello, vaciarnos de la tierra superficial que invade todos los caminos, aquella con que nos seducen los colectores de perlas falsas.

Es en la medida en que no quede nada del ego separatista con su mentalidad llena de prejuicios y presunciones, obra magna de un pocero inspirado, maestro del vaciamiento interior, que brotará abundante el agua que quita todo tipo de sed.

Nos corresponde ser vaciadores del ego abultado que portamos y que pretende ocupar todos los espacios de gestión, aéreos o subterráneos. Y aunque desconozcamos lo que oculta con su peso vanidoso, no nos confundiremos ante el hallazgo valioso imprevisto de un brote de luz en las honduras de nuestro ser. Al vaciarnos de las complejidades del miedo se presiente más cercana la desnuda sencillez del agua diamantina que nunca nos abandonó.

En los tiempos del maestro mallorquín Ramon Llull, muerto a pedradas por hablar del poder de lo simple allá por el 1300, se decía de otro místico germano contemporáneo, también perseguido: «El sabio maestro Eckhart de la nada nos quiere hablar, y quien no lo entienda a Dios se ha de quejar, porque su alma no fue alumbrada por la divina luz acendrada».

No podemos salirnos ni del presente ni de lo que somos en nuestra real naturaleza espiritual. Nuestra identidad real es permanente, no sufre interrupción jamás, no se confunde con una sensación temporaria que luego desaparece para transformarse en otra entidad fugaz: cuerpo, oleada emocional, pensamientos dispersos que, como rayos, nacen en nuestra mente para luego desaparecer.

El perdón es un regalo que uno se hace a sí mismo, un movimiento sencillo de liberación, personal e intransferible, que incluye el pasado y sus consecuencias. ¿Puedes verdaderamente perdonarte?

Es una entrega amplia y personal al mar amplio de la vida, desde donde es posible purificar la memoria y olvidar las cicatrices estériles de un pasado de naturaleza inmejorable.

Es una donación del alma desde el poder de lo simple, una renovación interior, un ejercicio práctico aplicando su potencia, un olvido que, de inmediato, activa nuestras oportunidades de rejuvenecimiento.

Cuando las amarguras de las ofensas vividas, o soñadas, se borran, el ego aprende a disolverse, se alivia, sonríe, da la bienvenida a una renovación interior, facilita el ingreso de luz en el sistema personal de respuestas.

Es un autorresarcimiento espiritual. Las ansias de venganza perpetúan el mal, y lo acrecientan.

Cuando perdonas te abres, te sueltas, dejas de retener el pasado, fluyes en el ahora, los sentimientos toman libertad propia, sin temor alguno de perder el control.

También en las grandes afrentas se descubren los corazones más abiertos. La sabiduría del refranero popular aporta que «quien al agravio perdona a sí mismo se corona»; «lo pasado, pisado», y «lo mal hecho perdonado».

El evangelio da la fórmula aritmética que corresponde al número de veces en que la persona compasiva debe conceder perdón: es «setenta veces siete». Y la aridez del agobio devendrá en promisorio comienzo.

36

ASOMBRO

Ingreso fresco de energía, desconcierto, corte de rutina, rayo benéfico, visita de lo nuevo, salto a lo inesperado. Es un estado espontáneo, indispensable, que pone a la mente y al corazón en condiciones receptivas óptimas.

Cuando el discípulo preguntó a Sócrates sobre las condiciones para aprender, el maestro respondió:

«Nadie debe aprender como esclavo; para adquirir nuevos conocimientos la persona adulta debe hacer como el niño cuando juega: asombrarse, interesarse mucho por lo que está haciendo. Todos los datos que ingresan por imposición no trabajan bien dentro del alma; más bien bloquean, impiden el nacimiento de nuevos aprendizajes.»

La industria actual del entretenimiento no es una muestra de simplificación de mensajes o de intenciones, sino de insustancialidad total. Por la acción de sus contenidos adormecedores y de sus *shows* efectistas se erradica el asombro como potencialidad indagadora. Un costoso y complejo montaje de artificios sostiene, de manera continuada, al espectador pegado a la pantalla, enredado siempre en el miasma del pegoteo emocional primario, efectista, grosero y mordaz.

Cada vez está más cercano el momento en que los pensamientos serán de propiedad pública y se presentirá lo que los demás piensan, ¿no es asombroso? Aprenderemos alegremente la sabiduría de las coincidencias.

La recomendación del evangelio es terminante: «Hasta que no se asombren como lo hacen los niños, no despertarán al conocimiento de la verdad».

El trabajo comienza cuando uno descubre que no le gusta lo que está haciendo; el asombro nos lleva al juego con lo nuevo, no cansa: predispone, entusiasma, recicla energía, vitaliza. ¿Qué hacíamos de niños, que creaba intemporalidad y nos hacía olvidar del tiempo? Todo nos asombraba: ¿quién puso el río ahí? ¿Adónde se va el sol de noche? ¿Por qué, si hay tantas y tantas estrellas, la noche es oscura?

No puede ser que millones de años de evolución del cerebro humano se agoten en pagar la cuenta del gas y los impuestos. Asombrarse de que no hay ningún límite para el conocimiento, rejuvenece. Uno es tan joven como lo es su capacidad de asombro.

37

ALEGRÍA

Es un estado expansivo, como la tos que busca salir fuera; no se puede esconder, todos notan que está allí como una paloma blanca dispuesta a levantar el vuelo, su aleteo armoniza todo el sistema corporal, emocional y mental, lo alimenta con nutrientes que no engordan, irradia vitalidad, lo sana.

La práctica de la autoironía, el juego de reírse de sí mismo, de no tomar con tanta solemnidad el cuento personal con el que solemos identificarnos, es una fuente inagotable de alegría. Siempre tendremos motivos para reírnos de nosotros mismos y, con ello, de mantenernos jóvenes y serviciales, sin pretender salvar el mundo.

Se le preguntó a alguien profundamente feliz acerca de qué método utilizaba para encontrarse en ese estado y qué don especial generaba su irradiación. La respuesta fue, simplemente, «cuento conmigo mismo, ¿qué más hace falta?».

Se dice que Buda goza de todo sin confusión. Aprender a vivir en la incertidumbre sin enloquecer es otorgar a cada instante la fugacidad que le corresponde y aprovechar la maravillosa oportunidad de luz y de alegría que encierra en sí mismo.

La alegría levanta nuestras defensas, evita el contagio que trae la mala onda, anula las estrategias que utilizan los fantasmas del sufrimiento inútil.

Allí donde hay alegría, hay entusiasmo y juventud.

El poder de lo simple distingue a la alegría como valor neto, espontáneo, revelador de la decisión acendrada.

38

OLOR

A través del olor ciertas sustancias exhalan esencias como si fuesen espíritus que se desprenden de ellas; constituyen un regalo de la naturaleza a través de un proceso de química externa. Por su parte, el olfato es el contacto entre ese aroma y la sensibilidad a través de otra transformación química, pero interna.

Inconfundible como el aroma a café o albahaca o como el incienso que acompaña las ceremonias sagradas, toda lámpara es una flor cuya fragancia es la luz. Dicen los buenos comensales que por el olfato se adivina el plato.

Pero de la misma manera que se puede olfatear la esencia de la sencillez, de la pobreza honorable y de la paz, también existe el olor a miedo, a hipocresía, a crueldad, a egolatría. Pareciera que el perfume no es otra cosa que una combinación de aire y de luz.

Hamlet sentía hedor a corrupción en su terruño. El olfato también puede comprenderse como sagacidad o perspicacia. Los paisanos afirman que «ningún hediondo se huele», dado que el olfato, por acostumbramiento zonal, va perdiendo agudeza selectiva.

Los cuervos disfrutan de carroñas porque no disponen de olfato, como algunos oscuros profesionales, carentes de sensibilidad, que se alimentan de restos putrefactos sin acusar molestia alguna.

Tener olfato para lo simple, olisquear la sencillez, husmear en lo natural, son virtudes y placeres de la sensibilidad cultivada, orientan las preferencias y las decisiones. En algunas culturas las parejas se eligen después de olerse, lo saben todos los animales desde temprano en sus vidas. En otras, cuando una persona ofende a alguien se le hace saber que sus palabras huelen mal.

Hay una aromática de la vida sencilla, hay olores que son balsámicos, que convocan al buen dormir, que distienden; otros excitan, atraen.

En las zonas céntricas de las grandes ciudades se suele generar un tufo expulsivo, no apto para gente que quiere mantenerse joven. En los ambientes cerrados, sin luz, con abuso de tabaco, con gente hacinada, la fetidez enferma al mejor dispuesto. Hay que alejarse de los ambientes nocturnos «draculianos», es decir, succionadores de la buena energía. Son pestilentes.

Un buen cuento siempre tiene un perfume peculiar, magnético, inspirador, no llega a heder, no está en su naturaleza; todos son aptos para elevarse y rejuvenecerse.

39

SONRISA

Sonrisa, canto y alegría en el contacto. Embellece cualquier rostro, lo ilumina, es un regalo espontáneo, sin costo alguno, consigue desarmar toda sospecha, abre una conversación con buena onda, acerca los corazones, acorta distancias.

Es uno de los regalos más preciados que podemos ofrecer, tanto a los que queremos como a quienes no nos agradan mucho en el trato.

Ejerce un poder incontenible. Todos los grandes artistas de la pintura y de la escultura desafiaron su poder e inmortalizaron su obra al poner alma a la materia inerte.

Tú eres un cuento, un mito, por favor, embellece el asunto y su dinámica, que las leyendas nos ayudan si son elevadas, no si son pesadillas.

En la nueva era de la simplicidad serás testigo de tu propia muerte. En el orgasmo conocemos sólo una pequeña energía del potencial que encierra la liberación del cuerpo. Las personas que temen la entrega amorosa, también temen el desenlace fatal; tienen un enorme temor a perder el control.

Asoka es un término sánscrito que implica «ausencia de tristeza», y se expresa con una sonrisa permanente.

La sonrisa insinúa paz y confianza. Es el mejor gesto de bienvenida.

Toda sonrisa tiene poder magnético si brota en el rostro con espontaneidad y opera como un eco de simpatía. En caso contrario, si es meramente una simulación o formalidad, se dibuja como una mueca sin intención de contacto.

Frecuentar reuniones sociales vanas, donde los chismes desvitalizan los anhelos de elevación, nos aproxima a la desdicha del envejecimiento prematuro.

Si el paraíso es el melón a punto, la «orden de los melones a punto» se diferenciará de todas las otras organizaciones o sectas que puedan llegar a crearse.

Cada miembro se preguntará tantas veces como sea necesario: «¿soy un melón a punto?». Todos los integrantes deben saber si están en su mejor condición o si les falta todavía maduración para poder brindar un servicio auténtico.

Un melón a punto es inconfundible por su capacidad de amar, de unir, de escuchar, de contener, de ofrecer y de osar.

Sonreír cuando sientes tu infinitud y suspirar, rejuvenece nuestras mejores energías.

¿Cómo no sonreír?

40

ESPERA

Quien fortalece su ánimo con los estímulos provenientes del poder de lo simple, sabe esperar. No hay ansiedad en una persona que vive conectada con el ahora, que siempre está en su lugar sin expectativas previas.

Saber esperar es manejar la ciencia de los ritmos; sólo una persona que no se precipita puede degustar cada instante y aguardar el contenido del que sigue sin expectativas personales de deformación.

Las personas que se mueven con expectativas siempre están esperando que las mismas se confirmen; filtran el presente con la fina red de sus profecías, de sus sueños y deseos. No abren su mente y su corazón a lo nuevo, no son sorprendidas por las saetas que brotan de la aventura de la conciencia y todas sus posibilidades de proyección.

Uno de los hábitos de los seres humanos actuales consiste en hacer varias cosas a la vez para ganar tiempo, para no esperar. Esta habilidad dispersante genera un gran desgaste de energía por estrés continuado.

La espera concentra energía para cada movimiento, por lo tanto vitaliza, expulsa la ansiedad.

Este temple de vida imprime vitalidad a los movimientos. La capacidad de espera es una seguridad interna que fortalece y al mismo tiempo protege, es decir, rejuvenece.

Cuando alguien logra que la energía se concentre y se haga fuerza, que tome dirección, que converja en un punto, tiene capacidad de espera para los resultados y las oportunidades. En cambio, la persona de acción múltiple, impaciente, se desgasta en la divergencia, envejece en el nerviosismo, no está en nada. Sufre de la enfermedad del tiempo, tiene razón, muere antes.

41

MIRADA

Espejo de nuestra interioridad. No puede mirar a más de dos ojos a la vez, por lo que tiene carácter de exclusividad,

Es contacto, compromiso, diálogo de almas.

Es íntima; concede, atrae, convoca, despierta; permite, otras veces niega, rechaza, expele, dispersa, adormece. Es la comunicación más directa, más simple; cuando los labios callan, la mirada habla.

Dos miradas enfrentadas desatan una energía excepcional de atracción o colisión, de amor o de odio, crean un campo de alta intensidad. Algunos primates la interpretan como llamada sexual para compartir un espacio o como declaración de combate para luchar por un territorio.

Al observar una platea hay artistas que saben, de inmediato, si existe en ella aprobación y aplauso o si sólo transmite un temple crítico y frío de rechazo.

Es un dato directo, unívoco, natural, sencillo, de la interacción personal. Una mirada puede arruinarnos el día, o potenciarlo.

Los pensamientos fluyen a través de los ojos cuando ellos observan: bondad, codicia, rechazo, inofensividad, ternura. Así como hay miradas de amor que protegen, otras dañan.

Hay miradas que transmiten confianza, contención, entusiasmo. Si alterno con ambientes chismosos, me vuelvo chismoso; si frecuento lugares de espanto, me torno indiscreto; si comparto grupos creativos, me vuelvo más joven. Es fundamental descubrir bajo qué influencia de miradas transcurre cada jornada de nuestra vida.

Los párpados cumplen una función protectora; nuestros oídos, en cambio, están más indefensos. Pero no podemos evitar que los otros nos miren, es decir, que actúen sobre nuestra persona como nosotros también hacemos cuando los miramos.

Cuando nos acostumbramos a mirar con respeto lo natural, lo sencillo, lo simple, vamos cultivando con ello nuestra sensibilidad hacia formas cada vez más elevadas y limpias, lo cual nos hace más naturales, sencillos, simples y, por supuesto, más jóvenes y de buen mirar.

Muchas veces cerramos los ojos para no ver, pero muchas más lo hacemos para ver mejor.

Se comenta que un solo alumno, de un ciento de pequeños escolares, eligió entre sus preferencias la radio sobre la televisión.

Cuando los encuestadores le preguntaron las razones de ello, el pequeño simplemente respondió: «escuchando la radio, si uno está atento, ¡se ve cada cosa!».

42

DESPEDIDA

Es un hecho natural y simple, condición de un comienzo promisorio. No es un fin terminante ni una clausura cósmica, pues implica la posibilidad generosa de un cercano reencuentro.

Podemos estar fuertemente unidos en la distancia o, por el contrario, cercanos, pero profundamente separados.

Despedirse del pasado para explorar las potencialidades del olvido, o para conocer los dones que trae el perdón, es una oportunidad de crecimiento personal y, a la vez, de rejuvenecimiento. Es muy positivo hacerse amigos de estas licencias.

Deberíamos hacernos más amigos de las despedidas. Constituyen una consecuencia natural de cualquier relación sana. Existen adicciones vinculares que nos impiden hasta imaginarlas, pueden llegar a ser escenas muy temidas, experiencias de fin de mundo. Sin embargo, «hombres y dioses, creencias y tradiciones, todos nos marchamos», anunciaba Heine en *Los dioses en el destierro*.

Todo lo que ha surgido en el tiempo tiene su propio fin. Así le ocurre a las olas en el mar, al paso de las estaciones, a los abrazos, a los besos de amor y a los libros. Sólo la eternidad, inmóvil, brilla sin intermitencias mientras las estrellas van apagando, a su hora, sus inconfundibles destellos.

Distanciarse de cualquier relación significativa produce dolor, es una herida por pérdida que corresponde elaborar.

Tan importantes son las desvinculaciones en nuestras vidas que se podría considerar que la tarea íntima de maduración personal radica en aprender a despedirse bien de situaciones queridas, a saber cerrar sanamente las heridas emocionales que producen los abandonos. No es recomendable fugarse sin más, abandonar una situación «a la francesa», salir a comprar cerillas y no regresar, u olvidarse de respirar y bajar el telón.

Cuando se ha logrado una comunicación plena con alguien, cuando se ha sentido ese clima de «nosotros» en un proceso de unidad grupal, si se ha gozado de la alegría de compartir, durante un lapso, una tarea meritoria, la ruptura se sufre como una pérdida un tanto irreparable, por lo tanto es indispensable dedicar al duelo el tiempo necesario de espera y consumación.

También existen despedidas que pueden gozarse como una verdadera fiesta, un motivo extraordinario de celebración, una liberación esperada. En este caso opera la alegría de poder reencontrarse con un bien anhelado del cual nos sentíamos alejados y ahora percibimos facilitado su alcance o recuperación.

Lo cierto es que nuestra vida personal transcurre entre encuentros y despedidas y con todo ello vamos superando el sentimiento de «rama caída», de soledad o de abandono circunstancial.

Si los físicos nucleares nos enseñan que las partículas separadas siguen interrelacionadas, debemos descubrirnos unidos en la distancia, atentos a las señales de los nuevos tiempos que debemos colonizar con simpleza y cooperación, aunque la temporalidad otorgue a nuestros sueños y realizaciones la instancia de la fugacidad y la recreación.

Las obras humanas, cualquiera que sea su dignidad o índole, concluyen, tienen un momento de cierre, de despedida, de ruptura y duelo.

Este intenso punto de contacto con la vida acontece tanto en la separación de los amantes, como cuando el bebé deja el pezón materno, el niño guarda sus juguetes, cuando se parte del suelo natal y también si llegamos al destino después de haber vivido un viaje dichoso.

Tal vez la actividad de aprendizaje más importante en las escuelas radique en crear las condiciones necesarias para que los niños aprendan a convivir en armonía y a desarrollar formas de trabajo compartido. El aprendizaje en grupos facilita la necesidad social de integrarnos con rapidez en grupos nuevos; por consiguiente, también la de aprender a despedirnos sin duelos conflictivos y dolorosos. La actual vida de relación nos lleva a interactuar con equipos en distintos lugares del mundo. Esto requiere el cultivo de movimientos maduros de incorporación a distintos ambientes y de armoniosas despedidas con los mismos.

Muchas personas prefieren no amar ni relacionarse por miedo a sufrir, en un futuro, ese corte afectivo que generan las despedidas. Sin embargo, las rupturas de experiencias compartidas nos llevan a valorar al máximo el tiempo disponible de cada encuentro y, de esta manera, a aprovecharlo con mayor intensidad para evitar luego el dolor que produce la comunicación que faltó.

Un consejero de parejas sugería la conveniencia de separarse cuando las personas están en su mejor momento de acuerdos, porque hacerlo cuando se encuentran en estado de guerra suele generar demasiados problemas a todos.

En lo esencial no podemos despedirnos totalmente de nada ni de nadie porque nos movemos, sin excepción, en la unidad de la vida. Por lo tanto, en la distancia podemos comunicarnos a través de algún recurso, sinergia, sincronismo, telepatía, desdoblamiento consciente, o con los lazos del corazón.

Hay personas que practican la despedida «a la francesa». Se van sin decir nada a nadie, desaparecen. Otros desarrollan interminables ceremonias de alejamiento, con laberintos de excusas, retornos y nuevos intentos. Hay despedidas totales, cortas, preventivas, urgentes.

Si quedan muchas cicatrices, la despedida no tuvo el mejor desenlace. Pero probablemente haya dejado mucho aprendizaje.

Precisamente por el hecho de que navegamos en la fugacidad deberíamos valorar más la calidad de nuestras despedidas, la excelencia que tuvieron los vínculos previos a ella.

Si uno vive de manera creativa, sabe que el punto más oscuro de la noche anuncia la salida del sol, que los atardeceres son como amaneceres; que cada vez que dormimos nos despedimos de todos, amigos y enemigos, y gracias a ello nos encontramos con la beatitud rejuvenecedora que proporciona el sueño profundo. Hasta luego.

43

LLANTO

Manifestación fluida de sentimientos no siempre vinculada al dolor. Se puede llorar de alegría, de agradecimiento, de sorpresa.

Es una lluvia fina, una llovizna del corazón exaltado, un desborde emocional. Hay lágrimas incontenibles de dolor, otras son de alegría, de placer o de risa. Todas tienen un efecto regulador, benéfico, lubricante.

Llorar a dúo es una modalidad del sufrimiento inútil; consiste en buscar a alguien para contar las mismas penas de siempre. El otro escucha pasivo, agazapado, y luego suele agregar: «esto que me dices no es nada si lo comparo con lo que me pasa a mí. Ayer tuve una experiencia peor, te la voy a contar...».

De esa manera se instala un descenso de muy baja energía, se ingresa en un circuito negativo, se contagia el desánimo, se empobrece el vínculo, se favorecen los procesos propios del envejecimiento. Alguien publicó en una revista de «solos y solas»: «busco persona seria para envejecer juntos y compartir antidepresivos».

«Llanto de niño, lluvia de estío; llanto de viejo, lluvia de invierno.»

Dice Federico García Lorca:

«He cerrado mi balcón / porque no quiero oír el llanto / pero por detrás de los grises muros / no se oye otra cosa que el llanto.

Hay muy pocos ángeles que canten / hay muy pocos perros que ladren / mis violines caben en la palma de mi mano.

Pero el llanto es un perro inmenso / el llanto es un ángel inmenso / el llanto es un violín inmenso / las lágrimas amordazan al viento / no se oye otra cosa que el llanto.»

Las lágrimas son productos naturales del organismo: simples, impúdicas, espontáneas y comunicantes. Son diminutas células oceánicas que saben historias de muchas playas. Para conservar una de ellas de los desgastes propios de su delicada condición, basta con dejarla caer en el mar. Su naturaleza salina se hará entonces ola, inmensidad en movimiento, abismo perdurable.

De la misma forma, la personalidad llora su condición de «rama caída», pero si tuviese la osadía y el esclarecimiento para conectarse con la fuente de energía que sostiene su fugacidad, con la base inmortal que la fundamenta, podría mantenerse en cada instante en la luz, radiante de alegría porque sí, poderosamente simple.

44

NIÑEZ

El niño es el padre del hombre, maltratarlo es hipotecar el futuro; negar su mensaje es cerrarnos a lo nuevo, bloquear el ingreso de nueva vida, asustarnos del asombro y, por ello, convocar a más de lo mismo.

La niñez pregunta con la energía que tiene todo acto inaugural, no gastado. Expresa lo que siente sin pasar su discurso por el filtro social de la conveniencia: no miente, y al igual que los locos da testimonio sólo de lo que ve o imagina, con el mismo énfasis. Sus fantasías tienen la fuerza y convicción de la realidad que perciben.

El bebé duerme si tiene sueño, en cualquier lugar; clama si siente hambre; protesta si se siente molesto entre sus pañales. Sus gritos son terribles y no ceja en su protesta ruidosa hasta alcanzar lo que necesita su cuerpo y lo que demanda su mente absorbente.

Los adultos hemos perdido la sabiduría de presionar por nuestros reclamos o derechos, nos conformamos rápido con los que nos dan, tememos sanciones en esta vida o en otra. Tal vez por ello decidimos postergar la realización de nuestros deseos para otra oportunidad mejor, más completa, porque esta ocasión que estamos viviendo se nos ocurre como un borrador, como una especie de ensayo general, no definitivo; creemos que lo bueno comienza mañana.

Para mantenernos jóvenes debemos alternar con niños, ascender a ellos, elevarnos al asombro, a la pregunta insólita, antes de que la máquina de producir consumidores, que inventamos los adultos, los transforme en hombres y mujeres de segunda mano, serios en serie. Los niños no nos escuchan; nos miran y no resultamos creíbles.

Los niños señalan a algunos adultos no por la edad: «Es viejo», dicen, «porque no sabe jugar».

45

OSADÍA

Para que nuestra vida no se transforme en una fábrica de excusas es necesaria la osadía para la palabra plena, para la decisión creativa, para el proyecto que compromete nuestro corazón, como cuando nace un hijo.

La osadía remite a un valor juvenil, adolescente, libre. Expresa las ganas de ser, de plasmar nuevos mundos, más dignos, más simples, que den sentido a vivir plenamente la aventura de la conciencia en esta tierra de posibilidades.

Habla de nuestra sinceridad, de nuestra voluntad de ser y de compartir, de nuestro entusiasmo. Sin ella, los proyectos quedan sobre la mesa.

Todas las obras que admiramos sobre este planeta se dieron por la osadía de algunos promotores. Ninguna podría haber existido sin el poder enloquecedor del entusiasmo que algunos adelantados tuvieron en su mente y en su corazón. Las investigaciones y los descubrimientos no son alcanzables para el ejército de burócratas domesticados que cuentan los días que faltan para cobrar por lo que no hacen.

«Si no fuese osado no sería Guillermo Tell.»

Algunos tienen la osadía de la avanzada, de la conquista, otros sirven para ocupar los puestos vacantes; unos descubren, otros colonizan.

Un peregrino no puede hacer algo estable, salvo el camino. Si una persona está dominada por el materialismo, su gestión empresaria tenderá a construir realizaciones seguras, pesadas, densas, lentas, como corresponde al movimiento de la energía del orden material.

Las instituciones suelen estar ocupadas por sujetos que matan la profecía que las creó. Nada queda de la osadía de los patriarcas. El fuego de la osadía se va transformando rápidamente en el humo de la explotación y administración de lo ganado, sin más aporte renovado de valor fundante, productivo e inaugural.

46

ESCUCHAR

Tal vez sea la operación más difícil para ingresar al mundo de lo fácil. Escuchar es un ejercicio complicado porque requiere una total atención a lo que se recibe: palabra, canto, silbido, música, gesto o paisaje. La escucha es una acción total, acontece en cualquier momento, no puede imponerse, sucede. Es un grado de receptividad sacro donde cada uno se funde en el otro sin imponer nada de sí.

Exige plenitud de atención. El parloteo del yo se silencia para que hable la vida toda y la recepción sea abarcadora, comprensiva, sin deformación.

En ese silencio cultivado descubrimos que la gran necesidad de la humanidad es la de ser escuchada, pues nadie escucha.

En la conexión con el ahora hay un registro fino de lo manifiesto y de lo latente, de lo objetivo y de lo simbólico, de los emergentes del mundo de vigilia y de las entidades propias del mundo onírico, del mundo concreto y del sutil. Es allí donde es necesario abrir las puertas de la percepción hasta descubrir que la conciencia es infinita. No escucharse, escuchar.

Esta disponibilidad o apertura total no es frecuente. Sin embargo es posible cultivarla. Exige cuidado, atención, dedicación. En realidad uno envejece mentalmente porque va cerrando su mente, no escucha, se repite a pesar de estar con otros, sufre de aislamiento. Si la vida toma esa dirección rígida, los procesos de envejecimiento se acentúan y las rutinas invaden todo el sistema con movimientos funcionales pero repetidos, no ingresa la energía rejuvenecedora de los encuentros inesperados, del asombro, del aprendizaje.

Resulta vital saber escuchar a nuestro cuerpo. Nos habla constantemente, a través de la salud y de las enfermedades, de símbolos a interpretar, nos da múltiples señales elocuentes.

Puedes intentar un simple ejercicio, muy natural:

Distendido, en un lugar cómodo sin interferencias, con los ojos cerrados, puedes preguntarle:

–¿Estás conforme con tu jefe? ¿Con tu jefa? ¿Te trata bien? ¿Necesitas algo especial?

Escucha con atención qué responde. Él conoce todos los secretos para mantener joven y alegre al único responsable de tu vida.

47

MEDITACIÓN

Necesitamos ganar todos los días cinco minutos de soledad y de silencio para estar con nosotros mismos; es un premio que nos merecemos.

Pase lo que pase en nuestras vidas, debemos conseguir esos minutos diarios para quedarnos ahí, sentados, distendidos, sin música ni lecturas, aceptando todos los movimientos de la mente sin identificarnos con ningún contenido o imagen. Es una práctica liberadora del sufrimiento inútil, la mejor de las terapias, económica, cercana, artesanal, sin libretos. No se trata de analizar contenidos ni procesos, se trata simplemente de mirarlos, no de juzgarlos o interpretarlos.

Cualquier pensamiento o imagen tiene derecho a existir y a aparecer en nuestra pantalla mental, pero no existe obligación o necesidad alguna de identificarnos con su contenido.

Las apariciones que observamos seguirán su curso, si es que no queremos apresarlas. Si no tenemos interés en ellas, desaparecerán como vinieron, como una bandada de pájaros en el cielo o un cardumen en las aguas transparentes del río.

Volverán a la conciencia porque son conciencia, tienen derecho a existir como lo que son: conciencia.

Si se atrapa un pez o un ave, la presa aprisiona al cazador, comienza la obligación de cuidarla. En cada cacería de nuestros pensamientos entregamos la posibilidad de identificarnos sólo con la conciencia observadora, que contempla y conoce su propia naturaleza, la de ser conciencia.

El poder de lo simple dice en la meditación:

«Nacimiento, crecimiento, decaimiento y muerte pertenecen al cuerpo, no a Mí.

No soy el cuerpo, no soy la mente, soy conciencia que no conoce disolución.

No soy el hacedor ni el gozador, soy el conocedor.»

Si me identifico con mi verdadera identidad, me convierto en el testigo de todos los procesos ilusorios y espejismos de la vigilia. Soy el conocedor, no el gozador o el hacedor.

Soy el observador gozoso en el vacío luminoso del sueño profundo. Soy conciencia sin intermitencias. No puedo dejar de ser lo que soy: conciencia. Nada más simple.

La práctica de la meditación nos permite conectarnos con esa base libre de energía de la cual la personalidad roba fantasías de inmortalidad, de poder y de conocimiento.

El poder de lo simple está en el alma, es un conocimiento de síntesis, de unidad luminosa, de beatitud sin intermitencias.

En vez de identificarnos con todos los personajes que pueblan nuestra pantalla mental, es conveniente comenzar a desidentificarnos de cada uno de ellos. Si aprovechamos las oportunidades de manumisión, sentiremos esa beatífica liberación que aparece cada vez que abandonamos uno de nuestros tantos egos ilusorios.

La conciencia carece de edad, no tiene tiempo. Es experiencia común que, si no nos miramos al espejo, todos tenemos cinco años.

48

HONESTIDAD

Si ella falta se modifica la realidad, se corrompe para aprovechar pequeñas conveniencias personales. Se complica el paisaje natural.

Si nos ponemos por encima de los hechos, no sólo los deformamos, tampoco alcanzamos a comprenderlos en toda su magnitud. Si nuestro ego imperial se superpone a la realidad, ella desaparece.

Si el gran emperador se sienta en la cúspide del monte Lu, entonces desde ahí, cómodo, no ve el monte Lu.

El poder de lo simple se expresa con la fórmula del agua. Es ese H_2O, indispensable, solvente universal, nutriente, síntesis de posibilidad de cualquier forma de vida. Una de las moléculas de hidrógeno se llama Honestidad, la otra se refiere a la Humildad. Ambas son indispensables, pero necesitan la valiosa aplicación de la Osadía, esto es, la palabra plena, dicha en su momento; el gesto oportuno, oxígeno revitalizador.

49

RITMO

Está presente en los movimientos del corazón, en la respiración que nutre nuestro cuerpo, en los deshielos, en el cortejo sexual, en la música que imanta nuestros pies, en el ciclo inexorable de las estaciones, en las mareas y en el tránsito despacioso de la oruga a mariposa.

La unidad de la vida se expresa de manera acompasada. Es posible escuchar el concierto sideral en que danzan estrellas y planetas cuando en el silencio de la alta montaña se percibe, sublime, el poder de lo simple.

La bóveda celeste, poblada de infinitos guiños, late en armonía con el universo todo y nos eleva livianos a la conciencia de un destino superior: el de ser plenamente la nada que somos. En ese vacío total reside una extraordinaria energía de creación.

En la lengua inglesa se puede valorar el alcance del término *nothing*, «nada», de la expresión *not a thing*, «ninguna cosa».

La sencillez nos permite bailar con el infinito, seguir sus pasos, respetar el orden de lo elemental, gozar del ritmo respiratorio, cardíaco, circadiano, solar, lunar, musical, fluir con las mareas externas o internas hasta seguir los pasos del fuego por frotación.

No buscar, quedarse aquí mismo, ahora, es encontrar. Uno comienza a envejecer cuando pierde el ritmo del presente. El baile es ahora y alguno de los danzarines se ausenta en el pasado o se instala en el futuro.

No busques una pista ideal para exhibir ante alguien tu danza, gózala en tu interior; ella acontece, sin interrupción, en la unidad rítmica del universo, en la alegría de cada compás, en la quietud del pleno vacío. Entonces, con espontánea simplicidad, bailarás de amor.

50

AMANECER

Lo conocen en su grandeza los pescadores de alta mar y los alpinistas anhelantes de conquistas imposibles. Despierta tanto al guerrero, como al hacedor o al gozador. Llama a la energía universal de la acción práctica en los deseos inagotables de la personalidad que siempre quiere ser otra cosa distinta de lo que es.

El sol hace brillar el dinero y le pone un destello dorado a todo lo que toca, para alertar, con ello, cualquier ambición de más.

Algunos desconocen el manto luminoso y soberbio que adorna el talle del amanecer: sólo imaginarlo o presentirlo les genera urgencias de más sueño. En la hora justa de la cita auroral, muchos, sin sospecharlo, se dejan caer en las honduras más recónditas del reino de Morfeo, hasta llegar incluso a las capas beatíficas del sueño profundo desde donde la propia alma siempre nos espera para acunarnos en su paz y en su goce, mientras la complicada personalidad de vigilia, sin sospecharlo, descansa fugazmente de la nada que la constituye.

Cuando despertamos de ese profundo bienestar, el testimonio de la conciencia certifica que estuvo siempre presente, que no nos abandonó. Mientras un baño de plenitud y de felicidad invade nuestro corazón, sentimos que hemos salido del tiempo, que existe una mente sin edad y, también, una fuente renovada de juventud en nuestro interior.

Sólo hay eclipses periódicos de tanta luz; ello acontece cuando nuestros condicionamientos nos hacen ingresar, perdidos y confusos, en el laberinto de las ilusiones mentales y de los espejismos emocionales que conforman nuestro memorioso, achacado, demandante y querido ego personal, hecho de tiempo, duración y fugacidad.

El yo personal es tan insignificante que sólo puede ser algo importante cuando sueña con alcanzar y poseer para sí los atributos del alma: inmortalidad, conocimiento y luz.

El sol de la alegría amanece, glorioso y simple, en el instante en que te instalas en la conciencia de tu verdadero ser y eclipsa cuando se interpone, reiterativo, el complicado cuento del yo ilusorio.

EPÍLOGO

Así lo expresaba Shakespeare: «El tiempo es muy lento para los que esperan, muy rápido para los que se lamentan, muy corto para los que festejan, pero para los que aman, la ocasión es una eternidad».

Esta óptica amplia de la imaginación material la ejercitan hoy en día hombres y mujeres de la física cuántica, las personas que descubren relaciones matemáticas, que investigan el silencio, seres iluminados que crean cuentos y que, cada vez más, se comunican telepáticamente entre sí, mientras se van transformando y coincidiendo, sin poder evitarlo, en seres místicos o en profetas.

Esta usina inagotable de imagos conocida como «el eremita que inventó los cuentos» suele visitarme con cierta frecuencia. En una oportunidad me dijo que observaba señales extrañas de búsqueda espiritual en la sociedad actual: «Cada vez aparecen con mayor frecuencia metodologías contradictorias que proponen alcanzar una longevidad sin envejecimiento. Para ello persiguen detener el paso erosivo de los años plasmando una mueca externa de frescura juvenil».

Las mujeres sueñan con llegar a ser como Hebe, diosa de la eterna juventud, hembra-premio que le correspondió al esforzado Hércules en su tránsito del éxito a la gloria.

Para conseguir un destino tan ejemplar se esfuerzan, a través de múltiples disciplinas, por mostrar al mundo una figura adolescente con aire de autorrealización.

Los varones, en cambio, se someten con seriedad a refinados ajustes vigorizantes, esperando con ello adquirir alguno de los méritos de aquel héroe mitológico que, con doce trabajos increíbles, logró una elongación tal que le permitió ascender, en su mejor forma, y con tamaña compañera, de la condición humana a la divina.

Esta entidad advierte que muchas personas disponen de ocio y de recursos para practicar tales alternativas y para adquirir libros de autoayuda en cantidad. En sus páginas, muchas veces leídas con premura, encuentran numerosas frases de aliento para descubrir una vida sencilla. Algunos suponen que de esa manera serán más adictos a lo esencial que a los culebrones de pantalla y que sabrán diferenciar, con claridad, el contenido del envase. Es decir, que podrán salir, alguna vez, del cuento circular del «más de lo mismo», para comenzar a realizar todo lo que no están haciendo.

Aquellos que lo conocen afirman que, en una ocasión, el eremita señaló que las editoriales, al advertir la demanda masiva de publicaciones expeditas, salvadoras inmediatas, aprovecharían la nueva veta comercial y poblarían los locales con fórmulas de la vida exitosa, hasta resquebrajar las estanterías.

Y así se difunden estrategias que caballeros, alquimistas, ratones y ardillas utilizan para triunfar en sus negocios a través de recetarios y decálogos del marketing personal.

Ya que la industria del entretenimiento no pretende alcanzar la simplificación, sino la insustancialidad; sus mensajes bobos se sostienen con una compleja estructura y metodología en formato de *show*.

Mis contactos con esta presencia siempre fueron telepáticos; el primero de ellos aconteció en mis tiempos de estudiante de Filosofía, unos años antes de mi viaje a Oriente. Recuerdo que me dijo:

«Tienes la edad que sientes en tu corazón.

»La alegría es un estado de vibración, una energía sanadora que se propaga al mundo, un hallazgo valioso e imprevisto que conmueve y pacifica, un diamante que brota porque sí, una sorpresa muy grata al corazón como cuando te descubres en un cuento.

»Eres un alma vieja. Fuiste abad de un monasterio hace ochocientos años.»

Tengo el privilegio de conocer tres de sus nombres, dos son femeninos. Con ellos suele presentarse en algunos foros internacionales, cuando se hace imprescindible el aporte de su visión.

En esas ocasiones actúa como consultor planetario en un tema que considera esencial: «Humanidad». Entonces aparece con distintos cuerpos y color de piel, siempre lampiño.

No corresponde aquí mencionar cómo se llama ni su edad. Me pidió que mantuviera sus nombres en secreto, pues todo dato cronológico no hace al cuento. Pero si me insisten mucho les diré que es el afamado maestro Pan de Leche.

Suele decir:

«Cualquier camino que establece a un ser humano en su real naturaleza, es el sendero correcto para él. No existe un método único igual para todos.»

Sus discípulos sabemos que nos seguirá acompañando con su presencia sutil, con su humor, con su autoironía, hasta el 2050.

En ese año la familia humana ya habrá asumido una paternidad responsable y habrá en el mundo más justicia y menos leyes, más armonía social y menos pleitos; finalizará la esclavitud del trabajo rutinario, se reducirán las profesiones espurias e improductivas y desaparecerá el espejismo del dinero, del negocio depredador, de las fronteras físicas, económicas y mentales con sus guerras inadmisibles, que en la actualidad consiguen hacer envejecer, en plena juventud, hasta al más dotado genéticamente.

Todo vibrará distinto, como ahora lo preanuncia la alegría porque sí.

La gente abandonará sus viejas creencias para ganar

realizaciones diarias; asumirá, beata, la dignidad de vivir como almas, en dimensiones actualmente desconocidas para la mayoría.

Será entonces el momento adecuado para que «el ermitaño que inventó los cuentos» renuncie a su misión terráquea y se instale en otra galaxia, desde donde seguirá advirtiendo que todo lo que nos rodea es obra de un sueño colectivo que va creando, sin prisa alguna, las condiciones del despertar.

Para construir la nueva era emergente en la conciencia, es necesario que miles de seres visualicen un reino de abundancia, de inteligencia y de generosidad.

Y de la misma manera que no se puede trascender la personalidad egocéntrica sin primero haberla consolidado, no es posible que opere un despertar iluminador si previamente uno no se ha sumergido en la opacidad del sueño.

Este mundo tiene un rostro: el de nuestra realización como conciencia.

Si cultivamos, sin esfuerzo alguno, el vacío; si no tememos al silencio creador; si devenimos completamente simples, el ego personal no tendrá de dónde aferrarse. Disuelto el núcleo de miedo y apego, de celos y envidia, nuestra sufriente ilusión temporal se disolverá con él.

Es urgente, entonces, la presencia de un buen cuento, simple, elemental, poderoso, que nos anime a celebrar la vida amplia unidos a la alegría de ser protagónicos en la creación, y a instalarnos en nuestra realidad esencial, como la luz, longevos sin arrugas.

El sinnúmero de estímulos hipnotizantes, las seducciones que brindan las campañas publicitarias, el marketing de los gurúes de la «sabiduría garantizada», carecen de poder alguno ante lo simple.

El principio de «menos es más» implica buscar y disfrutar sólo lo esencial. Tal calidad de vida no acumula nada de lo innecesario, no cultiva modas transitorias porque ello debilita, llena de adiposidades, quita gracia, es antiestética.

Por eso esta entidad ascendida que no peleó antes, ni combate ahora, con los dragones que pueblan nuestras pesadillas, que no sufre con ninguno de los monstruos que solemos alimentar en nuestra realidad cotidiana, no propone la estrategia de cambiar el dial para encontrar, otra vez, más de lo mismo pero en distinto horario.

Nos invita, en cambio, a asumir la responsabilidad en el arte de navegar por la vida, de disfrutar con todos la co-creación de nuestro destino espiritual, de renacer a cada instante en este cuento que comenzó hace muchos, pero muchos años, mucho antes de que alguien inventara el tiempo y lo complicara todo.

Así de simple. Alegremente.

ÍNDICE

Zenith

España
Av. Diagonal, 662-664
08034 Barcelona (España)
Tel. (34) 93 492 80 36
Fax (34) 93 496 70 58
Mail: info@planetaint.com
www.planeta.es

Argentina
Av. Independencia, 1668
C1100 ABQ Buenos Aires
(Argentina)
Tel. (5411) 4382 40 43/45
Fax (5411) 4383 37 93
Mail: info@eplaneta.com.ar
www.editorialplaneta.com.ar

Brasil
Rua Ministro Rocha Azevedo, 346 -
8º andar
Bairro Cerqueira César
01410-000 São Paulo, SP (Brasil)
Tel. (5511) 3088 25 88
Fax (5511) 3898 20 39
Mail: info@editoraplaneta.com.br

Chile
Av. 11 de Septiembre, 2353,
piso 16
Torre San Ramón, Providencia
Santiago (Chile)
Tel. Gerencia (562) 431 05 20
Fax (562) 431 05 14
Mail: info@planeta.cl
www.editorialplaneta.cl

Colombia
Calle 73, 7-60, pisos 7 al 11
Santafé de Bogotá, D.C.
(Colombia)
Tel. (571) 607 99 97
Fax (571) 607 99 76
Mail: info@planeta.com.co
www.editorialplaneta.com.co

Ecuador
Whymper, 27-166 y Av. Orellana
Quito (Ecuador)
Tel. (5932) 290 89 99
Fax (5932) 250 72 34
Mail: planeta@access.net.ec
www.editorialplaneta.com.ec

Estados Unidos y Centroamérica
2057 NW 87th Avenue
33172 Miami, Florida (USA)
Tel. (1305) 470 0016
Fax (1305) 470 62 67
Mail: infosales@planetapublishing.com
www.planeta.es

México
Av. Insurgentes Sur, 1898, piso 11
Torre Siglum, Colonia Florida, CP-01030
Delegación Álvaro Obregón
México, D.F. (México)
Tel. (52) 55 53 22 36 10
Fax (52) 55 53 22 36 36
Mail: info@planeta.com.mx
www.editorialplaneta.com.mx
www.planeta.com.mx

Perú
Grupo Editor
Jirón Talara, 223
Jesús María, Lima (Perú)
Tel. (511) 424 56 57
Fax (511) 424 51 49
www.editorialplaneta.com.co

Portugal
Publicações Dom Quixote
Rua Ivone Silva, 6, 2.º
1050-124 Lisboa (Portugal)
Tel. (351) 21 120 90 00
Fax (351) 21 120 90 39
Mail: editorial@dquixote.pt
www.dquixote.pt

Uruguay
Cuareim, 1647
11100 Montevideo (Uruguay)
Tel. (5982) 901 40 26
Fax (5982) 902 25 50
Mail: info@planeta.com.uy
www.editorialplaneta.com.uy

Venezuela
Calle Madrid, entre New York y Trinidad
Quinta Toscanella
Las Mercedes, Caracas (Venezuela)
Tel. (58212) 991 33 38
Fax (58212) 991 37 92
Mail: info@planeta.com.ve
www.editorialplaneta.com.ve

Grupo Planeta Zenith es un sello editorial del Grupo Planeta www.planeta.es